현대신서
76

동물성

인간의 위상에 관하여

도미니크 르스텔

김승철 옮김

東文選

동물성

Dominique Lestel

L'ANIMALITÉ

Essai sur le statut de l'humain

© Hatier, 1996

서 문

　동물성의 개념이 포괄하는 모든 것을 명확하게 밝혀 주도록 하는 어떤 정의를 찾는다는 것은 분명 헛된 일이다. 그러나 이런 구실하에 그 정의에 관한 모든 적합성을 거부한다는 것도 역시 바람직하지 못하다. 동물성은 우리가 나름대로 엄격하게 정의한다는 것이 어렵지만, 그렇다고 당연한 것으로 여기고 그냥 지나칠 수 없는 사고의 부류에 속한다. 우리들의 불편한 원인은 다음과 같은 사실에서 쉽게 짐작될 수 있다. 즉 동물은 인간과 구별되는 생명체의 한 부류를 지칭하지만, 그것은 실체의 한 부류일 뿐만 아니라 이들이 다른 부류들과 유지하는 관계들을 가리킨다. 그런데 또한 복잡한 관계들을 잘 환기시키지 못하는 우리의 언어는 종종 논증을 별로 만족스럽지도 못하고, 때로 모호하며 이내 효력이 없는 단순한 것으로 만들어 버린다.

　사람들은 어느 정도 동물을 일종의 자동 기계처럼 묘사되는 것으로 상상했다. 그러나 어떤 종류의 자동 기계가 동물과 유사한 성능을 보여 줄 수 있을 것인가? 그리고 특히 어떤 종류의 기계가 동물들이 고통을 겪는 것처럼 고통을 겪게 될 것인가? 사람들은 동물성이 인간을 제외한 모든 동물들에게 공통적인 특징을 지칭한다고 생각했다. 왜 인간을 제외시켰는가? 인간은 아주 특별한 어떤 동물이기 때문인가? 동물 이상의 어떤 것을 지닌 동물이기 때문인가? 인간적인 동물인가? 이러한 추론은 마찬가지로 전도될 수 있다. 동물 또한 인간에게 없는 자질들을 갖지 않았을까? 인간은 본능이 없는 어떤 동물이 아닐까?

사실상 동물성은 인간과 동물의 관계를 가리키는 하나의 개념을 구성할 뿐만 아니라 동물과 기계의 관계를 참조하며, 그 생명체의 위상과 인간의 위상의 문제 사이로 끊임없이 왔다갔다 한다. 동물성은 인간에 관한 질문(무엇이 인간을 특별한 생명체로 만드는가?)이 동물에 관한 질문(무엇이 어떤 생명체들을 인간이 아니게 만드는가?)에 대한 정확한 응답이 아니라는 것을 시사한다. 동물과 마찬가지로 인간의 정체는 그들 상호간의 대조를 통해 명확해진다.

이 서론은 그 출발점으로 삼는 세 가지 사실에 바탕을 두고 있다.

첫째, 동물은 놀랍고도 종종 예기치 못할 정도로 강렬한 관계들을 함께 발전시키는 인간에 대해 항상 어떤 이타적인 낯선 모습을 나타낸다.

둘째, 인간으로서 인간의 정체는 동물의 정의를 상당히 넘어서는 동물성의 특성을 통해서 대부분 결정된다.

셋째, 우리는 현대의 기술이 동물성과 그 쟁점에 관한 문제를 근본적으로 변화시켰다는, 선험적으로 직관적이지 않지만 떨쳐 버리기 어려운 감정을 느낀다.

인간은 오랫동안 동물성과 상반된, 즉 동물들과는 상반되는 것으로 정의되었다. 분명 이제 우리는 인간과 동물의 특성을 규정짓는 데 있어 그들 상호간의 관계를 고려할 때가 되었다. 역사의 흐름 속에서 전해진 인간과 동물에 관한 상이한 표현들은 '잡종 공동체'에서의 그들 협력처럼, 우리로 하여금 논의를 하도록 강렬하게 자극한다.

I

인간과 동물의 표현 역사에 관한 제요소

인간과 동물의 뒤얽힌 위상들로 결합된 역사는 너무도 복잡해서 여기서 다룰 수가 없다. 기껏해야 우리는 그 역사의 몇몇 중요한 순간들을 개략적으로 그려 보고, 동시에 거기에서 발견되는 가능한 표지들을 제공하려고 시도할 수 있을 뿐이다. 시간이 흘러감에 따라 동물이 동물성보다는 철학자의 관심을 더 끌지만, 그를 부추기는 것은 바로 동물성에 관한 문제이다. 동물성 그 자체가 별로 뚜렷이 설명되지 않았지만, 철학자는 동물의 해부학이나 행동보다는 인간의 위상과 마주한 동물의 위상에 더욱 관심을 갖는다.

플라톤과 아리스토텔레스는 인간을 동물보다는 신에 더욱 가까운 것으로 본다. 아리스토텔레스는 언어를 통해 발생된 인간과 동물간의 차이를 강조한다. 반대로 그리스의 견유학파들은 동물이 인간의 모델이 될 수 있다고 생각한다. 그들에 따르면, 동물이 행하는 그 어떤 것도 자연의 법칙에 반하지 않는다. 따라서 그것은 인간에 의해 모델로 받아들여질 수 있다. 그러나 그들은 자신들이 극도로 경멸하는 짐승들과는 상당히 거리가 먼 어떤 '모범적인 동물'을 전제로 하고 있다. 그리스도교는 하나의 상태에서 또 다른 상태로의 이행이 완전히 배제되었기 때문에 인간과 동물 사이에 하나의 근본적인 존재론적 장애물을 설정한다. 이와는 또 다른 태도를 취했던 아시시의 성 프란키스쿠스 같은 사상가들은 종교 전쟁 속에서 견고해진 그리스도교의 중심으로부터 떨어진 주변에 머물러 있었다.

14세기에 동물에 관한 정의는 더욱 지적인 것으로 나타난다. 동물은 점점 더 그 자체의 외적인 운동만을 지닌 사물들과는 달리, 어떤 '내적인 운동'을 갖고 태어난 하나의 동체(動體)로 묘사되었다. 인간의 영혼과 육체의 관계는 강화되고, 자유와 불멸성의 문제는 더욱 중요해졌다. 포미앙[1]이 강조한 것처럼 문제는 인간의 위상인데, 왜냐하면 인간의 영혼이 자유롭고 불멸하다면 그것은 존재론적으로 동물의 영혼과는 다르기 때문이다. 나중에 몽테뉴[2]와 같은 에세이스트들은 동물에 대한 인간의 우월성이란 이성이 경험이나 관찰을 통해 명시할 수 있는 경험론적인 문제가 아니라 종교적인 문제라고 생각했다. 17세기까지 인간은 천사가 우월한 쪽에 위치하고, 동물이 열등한 쪽에 자리잡는 위상 속에 갇혀 있었다. 동물들은 일종의 '감각적인 영혼'을 소유할 수 있으나, 그들은 인간의 전유물이며, 충분히 사물들을 파악할 수 있도록 해주는 '지적인 영혼'을 결코 획득할 수 없을 것이다.

동물에 관한 성찰, 즉 그 본질 그리고 인간과의 관계는 이처럼 종종 상반적인 두 가지 방향으로 나아갈 것이다. 우리는 동물을 하나의 기계, 또는 반대로 어떤 고통을 겪는 동물로 규정지으려 할 것이다. 그럼에도 불구하고 인간에 관한 여타 부분들은 동물

의 그것들처럼 이해될 것이고, 우연적이고 중간적인 피조물들의
위상은 모호한 상태로 남아 있을 것이다.

1. 야만 아동들의 경우

동물성은 우선 어떤 제한된 상태를 나타내는데, 인간의 사고는
그와 반대로 형성된다. 야만 아동들의 경우가 그것을 잘 보여
준다.

린네는 1758년 많은 논쟁을 불러일으켰던 '야만인'의 개념을
즉각적으로 도입한다. 그 위대한 자연주의자가 의문의 여지가 많
은 사례들에 속아 넘어갈 것인가? 뷔퐁은 이미 1750년부터 그러
한 사상을 제기했고, 루소는 그것을 《인간 불평등 기원론》에서
상기시킨다. 여러 해가 거듭되는 동안 야만 아동의 사례가 증가
하였다. 1334년에는 아스의 늑대-아동이, 1661년에는 리투아니
아의 곰-아동이, 1672년에는 아일랜드의 양-아동이 발견되었다.
가장 유명한 사례는 야만인 피터로 1724년, 하노버에서 발견되
었다.

철학자들은 이 야만 아동들의 사례에 많은 흥미를 가졌다. 그
러나 인류학자인 쟁그[3]는 회의주의자들이 옳다는 것을 인정했
다. 동물 아동들이 존재했다 하더라도 보고된 대부분의 사례들은
믿을 만한 것이 못 되는데, 유일하게 1820년에 발견된 미드나포
르의 늑대 아동들은 진정 필요한 모든 과학적 신뢰 조건들을 충

족시킨다. 그들은 아베롱의 야만인 빅토르·카스파 하우저와 함께 19세기 사상 속에 야만 아동의 개입 문제를 요약하는 세 가지 사례가 되었다.

카스파 하우저는 1828년 5월 26일 17시 뉘른베르크에서 인간 세상에 모습을 드러냈다. '카스파 하우저 사건'이 시작된 것이다. 그 사건은 당시에 기삿거리를 제공했다. 유랑자들을 수용하는 한 탑 속에 머물렀던 카스파 하우저는 대략 열다섯 살 정도로 보였는데, 특이하게도 목마를 가지고 놀고 있었다. 그는 남자의 신체를 지니고 있었지만, 정신 연령은 엄지손가락과 집게손가락으로 물건을 잡는 것을 제외하고는 전혀 손을 사용할 줄 모르는 세 살 또래 아이에 해당했다. 그는 잠을 많이 잤고, 하루 종일 무릎을 곧게 편 채로 앉아 있었다. 고기와 맥주에 심한 혐오감을 드러냈고, 신선한 물과 빵만 먹었다. 그는 울고 소리질렀고 모든 것을 두려워했다. '짐승처럼 불투명한' 것으로 묘사된, 카스파 하우저는 어떤 이해할 수 없는 방언으로 자신의 감정을 표출했다. 1828년 7월 18일 게오르크 프리드리히 다우머 교수가 거두어들인 후, 그는 몇 달 사이에 변화를 보였다. 그의 외모는 상당히 바뀌었고, 얼굴도 균형을 되찾았으며, 팔 위에 난 많은 상처자국들도 사라졌다. 행동과 표현은 점차로 교정되었다. 걸음걸이도 또렷해지고, 감정 또한 마찬가지였다. 심한 공포가 여전히 그의 결함이었는데, 예를 들면 그가 녹색을 보는 것을 참지 못한다는 점이 그러했다. 빵과 아니스 열매와 퀴멜 술을 제외하고는 모든 냄새가 그를 거북스럽게 만들었다. 그는 자신이 보기에 아름답다고 생각하는 여자 옷을 입고 싶어했고, 남자가 되기를 거부하며, 다른 성에 대해 전혀 매력을 느끼지 못했다. 거울 앞에서는 거울 뒤에 있을지도 모를 자신을 찾으려 했다. 꿈과 현실을 구별하는 데에도 어려움을 겪었다. 그럼에도 불구하고 처음에 비정상적이던 그의 언어 활동은 3년 동안 그 도시의 중학교에서 받은 수업 덕분에 상당히 변화했다. 그러나 카스파 하우저의 출신은 그가 1833년 안스바흐의 한 공원에서 암살당한 일처럼 모호한 채로 남아 있다. 사람들은 그가 한 귀족 가문의 후손이며, 권력과 유산의 문제로 유폐되었다고 말했다. 그는 늦은 나이에서야 비로소 인간 세계로 들어온 격리된 아동의 전형이 된다.

육군대령 슬리먼은 1852년 인도에서 늑대 아동에 관한 첫번째 사례를 알려 준다. 이때를 기점으로 그 예는 점차로 증가한다.[4] 1920년 10월 9일, 당시 복음 전도 여행중이었던 싱 신부는 '공상의 인간들'이 존재한다는 것을 발견했다. 잠시 동안 사냥몰이를 하다가 그는 한 늑대 소굴에 이르게 되고, 거기에서 두 명의 소녀를 발견한다. 처음에 그는 두 소녀를 그 지방 마을 사람들에게 맡겼다가 나중에 미드나포르에 있는 자신의 고아원으로 데려간다. 아말라는 나이가 어린 소녀의 이름이고, 카말라는 나이가 많은 소녀의 이름이다. 두꺼운 굳은살이 그들의 손바닥·팔꿈치·무릎, 그리고 발바닥을 뒤덮고 있었다. 그들의 혀는 두껍고 가장자리가 포개어진 입술 사이로 늘어져 있었다. 그들은 자주 울부짖고, 늑대의 헐떡거림을 흉내내고, 인상적으로 턱을 벌렸다.

광공포증(光恐怖症)과 주맹증(晝盲症)[5]에 걸린 그들은 어둠 속에서 서로를 알아보았고, 벽 앞에 의기소침해 있다가 밤이 되면 활기를 띠었다. 밤에 그들이 잠자는 시간은 4시간이었는데, 당시 아말라의 나이는 한 살 반이었고 카말라의 나이는 여덟살 반으로 추정되었다. 그들이 천천히 걸어갈 때는 팔꿈치와 무릎으로 움직였고, 뛸 때는 손과 발을 이용했다. 그들은 음료를 핥아먹었고, 웅크린 채 얼굴을 처박은 자세로 음식을 먹었다. 식사는 거의 육식이었고, 닭을 사냥하기도 하고 썩은 고기를 파내기도 했다. 반사회적이고 으르렁거리며 공격적인 그들은 계속해서 머리를 앞뒤로 흔들어댔다.

1921년 9월 21일에 중요한 변화가 일어났다. 그때는 아말라가 신장염과 전신에 퍼진 부종(浮腫)으로 인하여 죽은 때였다. 카말라는 사라져 간 자기 동료의 흔적을 절망적으로 좇으면서 전혀 갈피를 잡지 못하고 여러 날 동안 울기만 했다. 그런 다음 카말라는 점차 사회에 적응했다. 1926년부터 정상적으로 걷기 시작했고, 행동도 유순해지고 변화했다. 정확한 목적을 향해 취하는 보다 나은 행동들, 예를 들어 유리로 된 그릇으로 물을 마시기 위해 그것을 잡고 다루는 것이나 가끔 사육장의 곡식을 쪼아먹는 까마귀들을 쫓는 것과 같은 일을 위해서, 여러 시간 동안 '환풍기(pankah)'의 줄을 잡아당기는 것과 같은 강박적인 몸짓들은 차츰 사라졌다. 카말라는 점차로 위생습관(화장과 목욕)을 습득하고, 달걀을 주워 모으기도 하고, 울고 있는 고아원의 유아들을 알려 주며 허드렛일을 거들었다. 그녀는 다른 아이들과 놀았고,

부끄러운 감정을 표시하기도 하고 칭찬한다는 것을 알아보았다. 그리고 사용하는 어휘도 늘어났다. 1926년 카말라는 30개의 단어를 구사했고, 생이 끝날 무렵인 1929년에는 50개의 단어를 사용할 수 있게 되었다.

1800년 1월 9일, 버릇없이 방종하게 구는 나체의 한 아이가 아베이롱의 생 세르냉 쉬르 랑스 마을 가까이에서 세번째로 다시 붙잡혔다. 파리의 유명한 정신과 의사인 필립 피넬에게로 인도되어, 나중에 빅토르 드 라베이롱이라고 불리게 되는 그 아이는 '선천적인 바보'처럼 규정되었다. 당시 생 자크 거리에 있는 농아원의 병원장이었던 이타르는 로크와 콩디야크의 독서[6]에서 빌려 온 자신의 이론을 시험하기 위해 빅토르를 맡기로 했다. 이 젊은 의사는 1801년과 1806년에 편찬된 두 권의 기록 속에서 이 야만 아동에 관한 모험담을 상세하게 들려 준다. 그는 흥분 상태에서 몸짓을 하거나, 매우 의기소침한 상태에 빠져 있는 한 아동의 임상 리스트를 작성했다. 그 아이는 상호 교류하기가 어렵고 다른 아이들의 놀이에 무관심한가 하면, 강낭콩 껍질을 까는 일에는 반응했다. 빅토르는 사춘기임에도 불구하고 성적 욕망이 전혀 없었고, 손의 피부에서는 통증을 전혀 느끼지 못하였으며, 담배 냄새와 자신의 등을 하얗게 태우는 것과 같은 가장 불쾌한 냄새에는 무감각한 반면에, 호두를 깔 때 뒤돌아보는 행동은 그 의사를 깜짝 놀라게 만들었다. 그는 침대에서 자는 것을 싫어하고, 차가운 소나기를 맞고도 태연하게 그대로 있었다. 그는 맹물을 마시는 것이나 뇌우(雷雨)를 좋아하는 것만큼 설탕과 향신료,

알코올 음료와 포도주를 싫어했다. 정신이 산만해서 시선을 고정할 수 없었고, 실제의 사물과 그려진 물체를 구별하지 못했다. 말을 할 수 없기에, 이해할 수 없는 웅얼거리는 소리를 냈다. 얼굴은 심한 발육장애를 보이고 있었다.

그를 구제하고 본래의 습득 과정에 참여할 수 있기를 바라는 이타르의 노력 덕분에, 빅토르는 차츰 인격을 갖추고 개화되었다. 그는 스스로 옷을 입었고, 잠자리를 더럽히지 않았으며, 접시와 마실 물을 자기 앞으로 끌어당겼다. 또한 그는 불쾌해 보이는 방문객들을 돌려보냈다. 올라앉기를 좋아했던 나무들에 마음이 끌렸던 빅토르는 자신을 둘러싸고 있는 사람들의 마음에 들고 세상을 이해하려는 데 마음을 쓰게 되었으며, 감수성과 정서도 풍부해졌다. 그러나 그의 지적 기능이 점차로 깨어나긴 했으나 지적인 관심은 제한되어 있었다. 명칭과 개념들을 배웠지만, 그에 대한 이해와 확장은 어려운 것으로 남아 있었다. 1806년, 이타르는 마침내 당시 열여덟 살이었던 빅토르를 파리에 도착하던 무렵부터 그에게 관심을 보였던 한 여성에게 맡겼다. 빅토르는 1828년 그가 죽을 때까지 그 여성의 집에 머무르게 된다.

2. 인간과 동물의 '경계'

늑대 아동과 다른 야만 아동들에게 흥미를 가졌던 사람들의 증언들로부터 점차로 어떤 생소한 하나의 사상이 생겨난다. 그것은 동물성 속으로 침투하기 위해 인간으로부터 벗어나고, 인간으로 되돌아가기 위해 동물성에서 다시 빠져 나올 수 있는가 하는 것이다. 마치 하나의 성(城)처럼 상호 방문하고, 우연히 하느님의 은총으로 여러분을 인간 속에 복귀시킬 준비를 하고 있는 어떤 선량한 영혼을 만난다면 다시 빠져 나올 수 있는 놀라운 동물성에 관한 것 말이다.

늑대 아동들을 돌보았던 모든 사람들은 그 점을 증언한다. 거기에서 구제된 아동들의 특징은 제도와 다른 인간들로부터 받는 '본래 유익한' 영향에서 벗어난 아동이 되는 것에 대해서 신뢰할 만한 하나의 지표를 나타낸다. 그러나 이러한 해석은 곧 비판을 받는다. 일부 사람들은 이 아동들을 그들의 부모가 늑대에게 유괴당하게 내버려두었을지도 모를 심각한 심리적 장애를 그들이 원초적으로 겪지 않았을까 하는 데 의문을 가졌다. 때로는 정신적 결함이 하나의 사례를 설명할 수 있다 하더라도, 어떤 한 동물 무리의 역사도 그 종의 역사도 결코 대비하지 못했던 상황에 적응하는 최소한의 지적 능력도 갖고 있지 않은 채 그 동물 무리를 따라 홀로 동행하거나, 아니면 숲 속에서 고립되어 있는 어린아이를 어떻게 상상할 수 있겠는가? 게다가 이전의 여러 '야만 아동들'이 원상태로 회복되고 사회적으로 동화한 사실은, 그들이 태생적으로 결함을 갖고 있다는 사고에 대한 두번째 반론이 된다.

17세기에는 여기저기서 수집되고, 미묘한 만큼 신랄한 토론의 대상을 만드는 비정상적이든 아니든 극단적인 사례들에 상당히 비중이 주어진다. 호기심·놀라움·불가해함이나 거부감을 불러일으키는 것들은 농아에서 늑대 아동, '호텐토트족'에서 오랑우탄까지 수없이 많다. 이런 몇몇 피조물들이 인간인가? 어떤 인간들은 항상 인간성과 결부되어 있거나, 아니면 거기에서 벗어나 실은 아주 애매모호한 동물성을 향해 가지 않았는가? 이는 지정학적 타당성보다는 그 경계를 설정하는 데 더 관심을 갖는 이상한 문화가 아닌가? 동물성의 개념이 모호한 채로 남아 있다면, 인간의 개념도 더 이상 명확하지 못하다. 생각거리를 제공하고, 고찰중인 문제의 주변을 세밀하게 탐색하는 것이 반대 사례들을 보편성에 비추어 보려는 규칙들과 비교하는 것보다 더 중요한 일이다. 18세기는 반대 명제를 통해 데카르트의 '코기토(cogito)'가 견고한지를 시험하려 했다. 예를 들면 콩디야크는 이런 방식을 보였던 전형적인 사람이다. 시상에 관해 보나 너 살 논의하기 위해 이 시대는 그 변화 현상과 극단적인 사례들을 통해 그것을 고찰한다.

17세기와 18세기는 사상가와 과학자들이 인간과 동물, 특히 인간과 당시에 점점 더 관심을 가졌던 중간적 피조물들간의 세세한 차이를 추적하는 것을 보여 준다.[7] 도처에서 원숭이나 '호텐토트' 같은 모호한 위상을 가진 피조물들을 연구한다. 벤저민 프랭클린은 이미 인간을 '도구를 만드는 동물'로 정의했다. 그리고 아리스토텔레스의 몇 가지 명제를 되풀이하는 토피나르는 태동하는 인류학에서 관심을 갖게 될 네 가지 주요한 특징, 즉 뇌의 용적·직립 보행·언어와 성찰을 지닌 인간을 신뢰한다. 이

와 병행해서 도방통은 인간의 골격에 관한 최초의 정밀한 연구
에 뛰어든다. 헤르더는 직립 자세를 강조하고, 칸트는 손의 중요
성을 연구한다.

사육의 문제는 점차 중요한 위치를 차지하게 된다. 헤르더가
인간은 본능이 없다고 평가했다면, 블루멘바흐는 인간에 대해
야생 상태를 전혀 알지 못했었던 스스로 길들여진 어떤 동물인
것처럼 말했다. 타이슨은 형이상학적으로 인간을 보이는 것과
보이지 않는 것을 연결하는 존재로 정의하려 했고, 비레는 질병
이 인간의 위대한 부분이 된다는 것을 옹호한다. 헤르더처럼, 그
는 하느님을 모독하지 않기 위해 원숭이에게서 말을 박탈한 것
에 대해 하느님께 감사한다. 매우 박학했던 이 시대는 또한 비상
식적이기도 했다. 1717년 치머만은 오랑우탄을 통한 창녀들의
수정이나 남자에 의한 영장류 암컷의 수정을 제안했다. 당시에
는 인간과 동물이 하나의 공통 계보를 가질 수 있다는 것을 전
혀 배제할 수 없었던 것이 사실이다. 교황 알렉산데르 3세가 어
떤 백작 부인과 원숭이 사이에서 태어난 아들이었던 한 아이를
알고 있었다고 사람들이 얘기하지 않았던가?

퐁트네[8]는 '호텐토트족'과 관련하여 '식민지 정치와 박물학의
이상한 공모'를 상기시킨다. 18세기에 호텐토트족에 관한 모습
은 놀라울 정도로 환상적으로 그려진다. 더럽고 혐오감을 주는
그들은 꼬꼬댁거리고 지독한 냄새를 풍기며, 동물의 내장으로 다
리를 감고 있다. 뷔퐁이 여자들은 '젖통'을 갖고 있고, 아이들은
네 발로 기어다닌다라는, 그들에 대한 경멸적인 표현을 쓴 최후

의 사람은 아니다. 그는 이런 묘사가 매우 잘 어울린다고 생각하기를 주저하지 않는다. 그에게 있어 '호텐토트'와 자연 상태의 인간을 분리시켜 놓는 간격은, 우리와 이 호텐토트족 사이의 간격보다 훨씬 크다.

폰트네는 자연사 박물관의 교수들이 1815년 3월에 사흘 동안 관찰하고, '네 가지 얼굴로' 네 명의 예술가들이 그렸던 '호텐토트'인 사라 바르트만의 가련한 이야기를 회상한다. 폰트네에 따르면, 이 에피소드는 '유럽 남성의 관점의 역사 속에 하나의 결정적인 모습을 형성할' 만하다. 1811년 12월에 세례를 받은 사라 바르트만은 1816년 1월 1일에 죽는다. 시체는 박물관에 보내지고, 그녀를 기념하여 유골과 주형을 뜬 복제품이 거기에 보존된다. 그러나 무덤 하나 없이 왜 이 기독교인이 매장되지도 않았으며, 어떻게 유골이 '회수되었는지'를 묻고 있는 폰트네는 분개하고 있다. 그녀를 썩게 내버려두었거나, 아니면 화학 처리나 기계적 처리를 했는가? 명망 높은 학자들이 까다롭게 분류하기만 했던 그들에게 마련해 준 추락하는 위상을, 세례를 받았으나 무덤이 없다는 이 사실보다 더 잘 요약될 수 있는 것이 또 뭐가 있겠는가?

발견의 시대는 또한 이해할 수 없는 것과 만나는 시대이기도 하다. 유럽인들은 15세기말부터 카리브의 콜롱브, 아스텍의 코르테스, 브라질 투피남바의 테베·스타덴·레리 같은 식인종들을 발견한다.[9] 18세기의 유럽인들은 그들을 이로퀴이 인디언 종족에서, 이어서 19세기에 남태평양에서 다시 발견한다. 생존 욕망에서 생겨난 것이 아니라, 고도로 치밀하게 짜여진 제식 도중에 인간이 인간을 잡아먹는다. 이러한 식인 행위는 이미 인간이 벗어났다고 믿었던 동물성에 오히려 더욱 가깝다는 것을 다시 확인시켜 준다. 식인종들이 그들의 식량은 인간이 아니라 동물이어야 한다는 것을 이해하지 못한다고 한 빅토리아의 설명과 마찬가지로, 모든 설명들은 식인 행위에 대한 깊은 의미를 경감시킬 수밖에 없을 것이다. 결국 이들도 하찮은 동물이다.

인간과 동물의 경계는 당연한 것으로 받아들여졌다. 그 경계 범위는 별로 힘들이지 않고 이미 알고 있는 것보다 좀더 엄격하고 단순한 상식을 통해 조정하기만 하면 된다. 고대 이래로 이미 제시된 것은 적지 않다. 손, 직립 보행, 탁월한 지능, 도구 제작 등은 식별의 중요한 요소들을 이룬다. 그러나 이렇게 정의를 내리려는 계획으로부터 제기된 어려움이 예기치 않게 찾아왔다. 탐험가들이 만났던 다양한 민족들처럼 야만 아동들은 예전의 적절한 분류를 혼란스럽게 만들었다. 식인-도구 제작자들이 여전히 인간인가? 그리고 말하지 않는 인간은 어떤가? 그러나 생명체의 범주를 분류하기가 불가능하다는 사실을 아무도 지지하지 않을 것이다. 왜냐하면 어떤 유사한 계통 발생에서 비롯된 우리의 언어가 이 작업을 위해 필요한 비평적 거리를 갖고 있지 않기 때문이다. 반대로 동물과 인간에 관한 가장 적합한 표현을 만들어 낼 필요성은 현대의 사상 속에서 하나의 본질적인 위치를 획득했다.

3. 동물 기계

데카르트의 동물 기계 이론은 인간과 동물의 관계에 관한 철학적 접근을 근본적으로 변화시킨다. 데카르트는 영혼을 생각으로, 육체를 넓이로 환원시킨다. 영혼과 육체의 중개물은 존재하지 않는다. 육체는 시계의 기계적 원리와 결코 다르지 않는 원리로 작동한다. 언어가 없는 동물들은 육체로 환원된 자동 기계들이다. 즉 그들은 생각이 없다. "……나는 우리들과 같은 눈·귀·혀, 그리고 다른 감각 기관들을 가짐으로써 짐승들도 우리와 같이 느낄 수 있을지도 모른다는 단 한 가지 사실을 제외하고는, 어떠한 논쟁도 짐승들이 생각을 갖는다는 것에 대해 유리하게 작용하는 것을 보지 못했다. 생각은 우리가 느끼는 방식 속에 내포되어 있어서 짐승에게조차도 어떤 유사한 생각을 부여해야 한다. (…) 그러나 비록 모든 사람들에게는 친숙하지 못하더라도 우리를 반대되는 것으로 설득시키는 수많은 강력한 또 다른 논증들이 있다. 그러한 논증들 가운데 모든 벌레들·모기·애벌레, 그리고 나머지 동물들이 어떤 불멸의 영혼을 부여받기 위한 것보다는, 기계의 모방 쪽으로 이동해 가기 위한 개연성을 가지고 있다는 점을 옹호하는 논증이 유리한 입장에 놓인다."[10]

데카르트는 동물 기계 속에서 작동 장치의 소형화의 중요성과 더불어 인간과 신의 잠재적 실현 사이에 놓여 있는 커다란 간격을 강조한다. 인간은 비록 동물 기계의 메커니즘을 이해한다 하더라도 그것을 재생할 수 없다. "수많은 뼈·근육·신경·동맥·정맥, 그리고 각 동물의 신체에 있는 각기 다른 모든 부분들에 비하여 극소수의 부분밖에 사용하지 않고도, 인간의 기술이 얼마나 다양한 자동 기계나 움직이는 기계를 만들어 낼 수 있는가를 알기 때문에, 사람들은 이러한 신체가 신의 손으로 만들어져서 어느것과도 비교할 수 없을 정도로 잘 배열되어 있고, 인간이 발명할 수 있는 어떤 것보다 더 훌륭한 운동을 그 자체에 지니고 있는 하나의 기계로 간주한다는 것은 전혀 이상한 일로 보이지 않을 것이다"[11]라고 데카르트는 쓰고 있다. 동물의 완전함은 인간의 불완전함과는 또 다른 영역에 속한다. 동물의 행동이 정확하다면 그것은 기계적이다. 데카르트는 자신의 편지[12]에서 이러한 비교와 동물의 특수화와 관련하여 인간의 미미한 다기능성에 대해 여러 번 재검토한다.

동물성의 문제는 인공 장치의 그것과 연결되고, 17세기는 문자 그대로 이러한 환원주의에 빠졌다. 이 동물 기계에 의해 제기된 논의로부터 동물성의 문제는 작동하기 위해 인간이 조종할 필요가 없는 자율 기계를 만들 가능성을 가리킨다. 보캉송은 이러한 모험에 뛰어든 가장 유명한 기술자들 중의 한 사람이다. 그가 만든 기계 오리는 그에 상응하는 명성을 얻었다. 인간에 대해 질문하는 것은, 인간을 동물과 다르게 만드는 것을 명확하게 구분하려 애쓰는 만큼이나 인간의 '대응'을 완성하도록 이끈다. 다고네는 인간의 목소리를 재생하기 위해, 파이프 오르간의 음관에서 얻은 경험을 기술하는 메르센을 예로 든다.

라 메트리[13]는 데카르트를 계승하여 더욱 강화한다. "인간의 육체는 스스로 스프링을 조립하는, 그래서 끊임없이 살아서 움직이는 이미지를 지닌 일종의 기계이다."[14] 이처럼 그는 결정적으로 논쟁의 성격을 바꿔 버린다. 1747년 출판된 《인간 기계》는 금지되고 불살라진다. 라 메트리는 인간과 동물의 근본적인 차이를 부정하고, 단지 본성이 아니라 등급의 차이만을 인정한다. 그에게 있어 인간은 물론 원숭이보다는 훨씬 정교하고 섬세한 하나의 기계 장치일 뿐 그 이상은 아니다. 라 메트리는 다음과 같이 쓰고 있다. "인간이 하나의 동물에 불과하거나, **본성**이 어떤 인간의 주기적 순환점으로부터 시작되었는지 모르기 때문에 모든 것이 차례로 조립되는 스프링들의 **조립품**에 불과하다는 것을 증명하기 위해…… 더 이상 무엇이 필요하겠는가? 만일 이러한 스프링들이 그들 사이에서 서로 다르다면, 그것은 그들의 **본성**에 의해서가 아니라 그들의 위치와 몇 가지 힘의 등급에서 비롯된 것일 뿐이다. 그 결과 **영혼**은 운동의 한 원리에 불과하거나 뇌의 물질적 감각의 일부분일 뿐이다. 그래서 사람들은 영혼을, 실수하지 않고도 다른 모든 것들 가운데 확연히 눈에 띄는 영향력을 행사하고 있으며, 심지어는 최초로 만들어졌던 것처럼 보이기조차 하는 **기계** 전체의 주요한 하나의 스프링으로 볼 수 있다. 따라서 다른 것들은 모두 그러한 영혼의 발현에 불과할 것이다. 이 점은 나중에 인용하게 되겠지만, 다양한 **기원**에 바탕을 두고 이루어졌던 몇 가지 고찰을 통해 살펴볼 것이다."[15] 그의 논의는 정신생리학과 의학과 행동의 영역에 속한다.

라 메트리는 상징 세계뿐만 아니라 언어에도 동물의 근접을 배제하지 않으며, 사람들이 말하는 것처럼 동물에게는 도덕적 영역이 없는지 의문을 갖는다. 인간과 동물의 언어 수행 비교가 양자간의 근본적인 구별에 유리하게 작용하지 않는다. 그러한 관점에서 라 메트리는 오랑우탄에게 참다운 교육을 하고, 그러한 시도가 어떤 결과에 이를 것인가를 보려는 생각을 하게 되었다.[16] 이 사상은 실제로 계속 이어진다. 비레는 우리가 원숭이를 낳고, 그것이 인간이 된다고 주저없이 말한다. 라마르크는 원숭이가 인간으로 변하는 데는 어떤 불가능도 없다고 생각하고, 보리 드 생 뱅상은 잘 교육받은 성숙한 원숭이가 흑인보다 더 지적일 수 있다고 주장하기에까지 이른다. 뷔퐁은 오히려 인간이 퇴화된 원숭이가 아닌가 하는 문제를 제기한다. 모페르튀는 꼬리가 달린 인간들과의 대화를 꿈꾼다.

17세기에 동물은 아직 비교행동학이 아니라 형이상학을 가리킨다. 동물의 행동을 기술하고 이해하는 것과 관련이 있는 것이 아니라, 동물과 관련하여 인간을 존재론적으로 위치시키는 것이 문제가 된다.[17] 유인원이 급속도로 불어나기 시작한다. 인간은 백인·성인·문명인, 그리고 부득이 '다른 인류'라고 부르는 것에 속하는 여러 무리로·된 동심원의 중심부에 자리잡은 인간으로 나타난다. 인간과 동물 사이의 어떤 '중간적 피조물'의 존재 가능성은 이처럼 새로운 현실성을 갖게 된다. 1699년, 타이슨은 오랑우탄에 관한 주요한 작품 한 권을 출판하는데, 오랑우탄에게서 인간성과 동물성이 다시 합쳐진다.[18] 이 시대의 많은 사상가들처럼 '존재들의 사슬'에 사로잡힌 그는 인간과 동물을 연결하는 다양한 관계들을 이해하기 위해 오랑우탄 속에서 하나의 본질적인 요소를 본다. 즉 오랑우탄이 어떻게 보여지든 평범한 침팬지에 불과할 뿐이다.

논쟁에 불이 붙는다. 인간의 '기계화'는 동물의 '인간화'와 교차한다. 혁신의 문제가 이러한 논쟁 속에서 전략적 위치를 차지하게 된다. 혁신하는 것은 그 메커니즘을 효과적으로 통제할 수 있음에 따라 현재의 것을 확실하게 개선할 수 있는 것이다. 18세기에 널리 퍼졌던 완전화의 가능성에 관한 테마는 그 증거가 된다. 인간은 확실히 혁신한다. 그러나 동물도 똑같이 그렇게 할 수 있는가? 레오뮈르는 《곤충의 역사를 위한 회상록》(1734)에서 곤충이 혁신한다고 생각하며, 동물의 삶이 독특하고 변화가 가능하다는 것을 보여 주려 한다. 그렇게 함으로써 그는 동물에서 단순한 메커니즘과는 다른 어떤 생명의 원리를 인식한다.

그러나 선택의 여지는 라 메트리의 철저한 기계론과 레오뮈르의 생기론(生氣論)[19]으로 제한되지 않는다. 뷔퐁은 분명하게 이 두 가지 입장과 구별된다. 그는 소위 곤충의 혁신과 사회 생활을 하거나 교환을 시도하려는 그들의 능력에 대해 비웃는다. 그에게 있어 곤충은 동물계의 마지막 등급에 속한다. 그는 인간과 동물의 근접을 강력하게 배제한다. 문제는 어느 한쪽의 감각중추가 다른 한쪽의 것과 얼마나 다르지 않은지를 아는 데 있다. 마찬가지로 뷔퐁은 다음과 같은 데카르트주의자들의 도르래와 톱니바퀴의 기계 모델을 거부한다. "우리 신체 조직의 진짜 스프링은 매우 정확하고 세심하게 기술되는 근육·정맥·동맥·신경이 아니다. 우리가 말했던 것처럼 전적으로 환원시키고자 하는…… 조잡한 기계의 법칙을 전혀 따르지 않는 조직체들 속에 내적인 힘이 존재한다."[20] 자신에게 영감을 준 로크와는 달리 뷔퐁은 동물의 기억을 전혀 인정치 않으며, 동물을 분자의 배열로 축소시킨다. 이러한 사실로 그는 1751년 1월 15일 소르본으로부터 유죄 선고를 받게 된다. 인간을 동물화한다는 두려움에서 이 작가는 데카르트 주의를 답습하지 않았는가?

동물이 말하지 못하고, 발명하지 못하며, 사회적 또는 도덕적 행동을 완성할 수 없다고 하는 콩디야크는 인간은 동물이 갇혀 있는 감각중추에서 빠져 나올 수 있다는 뷔퐁의 또 다른 입장에 격렬하게 반발한다. 특히 언어의 문제에 관심을 가진 콩디야크는 주인과 그의 개가 서로 의사 소통을 하고, 진정한 공동체가 인간과 사육 동물들 사이에서 생긴다는 점을 지적한다. 앵무새가 소리를 명확하게 발음할 수 있는 것과 같이 동물이 놀라울 정도로 인간화되는 반면에, 인간은 진정한 공동체를 구성할 수 있을 만큼 동물과 친숙해지지 못한다. 이러한 사상들은——나중에 다시 보겠지만——중요하다. 왜냐하면 콩디야크는 개별적 언어 수행의 관점에서가 아니라 상호성과 공동체의 관점에서 인간과 동물의 관계를 생각했던 최초의 사람들 중의 한 사람이기 때문이다.[21] 동물이 어떤 언어를 소유한다 하더라도, 그 기호는 풍부한 표정으로 나타나고 자연적이며 행동 속에 제한되어 있다. 반면에 인간은 '제도의 기호'에 접근한다. 콩디야크는 "동물들은 함께 살아가지만 거의 항상 따로 생각한다"[22]라고 쓰고 있다. 그러나 동물들이 발명을 한다 하더라도 그들의 작동 메커니즘을 어떻게 이해할 것인가? 어떤 하나의 기계 장치를 어떻게 터득할 것인가? 콩디야크는 동물이 완전히 동시에 만족스런 성과를 올리고, 따라서 그들의 기계 설비의 변화가 꼭 필요하지는 않았다는 점을 상기시킨다. 이처럼 콩디야크에 의해 행해진 반전으로 하나의 역설적인 상황이 생겨난다. 즉 장차 무엇이 인간과 관련된 동물성을 규명할 것인가?

동물의 '완전함'은 인간의 '완전화의 가능성'과 대립된다. 동물의 능력은 인간의 능력보다는 덜 발달되었고, 그들의 감각은 훨씬 축소되었으며, 그 배열 또한 정교하지만 보존 기능에 보다 잘 맞추어져 있다. 인간의 다양한 행동은 그 불확실성에서 비롯된다. 콩디야크는 데가르드기 이미 밝혔던 인간의 나약성을 답습하지만, 그에 따라 설명 목록을 뒤집어 놓고 그것을 어떤 긍정적인 요소로 변화시킨다. 언어 활동과 그 능동적인 조작은 동물에 대한 두 가지 인간의 승리를 가져온다. 콩디야크는 동물에 대한 인간의 우월성의 예로 신의 인식과 도덕의 인식을 제시한다. 동물과는 반대로 인간은 순간적인 것 속에 살지 않는다. 거꾸로 동물은 흉내내지 않으나 인간만이 모방할 줄 안다. 콩디야크에게 있어서 모방은 지능의 중요한 특성 중의 하나이다.

루소가 인간을 완전화의 가능성으로 정의했을 때,[23] 그는 명백히 당시의 가장 민감한 부분을 건드렸고, 따라서 수많은 반향을 불러일으키게 된다.[24] 나중에 다윈주의와 비교행동학은 이런 문제들로 되돌아와 이것들을 실험적이고 동시에 매우 기술적인 것으로 만든다.

4. 비교행동학의 동물

비교행동학자들은 암암리에 동물 기계론에 관한 계몽주의 철학자들의 몇몇 주제들을 답습한다. 비교행동학의 계획은 먼저 양차대전 사이에 지배적이었던 실험행동주의 심리학과의 단절이었다. 엄격한 조건 속에서 인위적으로 수반된 자극에 대한 동물의 반응을 연구함으로써 본질적인 것에 접근하기를 주장하는 순수하고 냉엄한 실험자들과 마주한 비교행동학자들은 관계에 따른 정상적인 조건, 다시 말해 자연 환경 속에서 동물의 행동을 연구할 필요성을 주장한다. 그러므로 동물에 관한 우리의 시각을 변화시키게 될 어떤 모험을 시작하자.

여기서는 적절하지 못할 상세한 비교 분석에 뛰어들지 않고도, 데카르트와 현대 비교행동학의 동물 기계 사이에 몇 가지 주된 차이점을 지적하는 것이 가능하다.

첫째, 데카르트의 동물 기계와 관련하여 비교행동학자들의 동물은 단지 운동과 생리학을 지닌 것이 아니라 실제적 행동을 지니고 있다. 게다가 이런 행동은 적응하고 상호 작용하며 사회적이다. 근본적으로 이들은 항상 기계적이고도 생화학적인 메커니즘을 갖고 태어난 동물 기계이다. 현재 이것들 중에는 실제적이든 가상적이든 기계에 근접할 수 있는 것은 없다. 기계는 동물의 이상적인 전형으로 남는다. 단지 기계의 전형이 바뀌었을 뿐이다. 그에 대한 몰이해는 항상 기계론적인 설명을 통해 잠재적으로 설명 가능한 것으로 남는다. 영원히 이러한 설명으로 환원되지 않는 것은 아무것도 없는 것으로 확인되었다. 논의나 논쟁은 메커니즘의 존재나 한계가 아니라 그들의 원리에 바탕을 두게 된다.

둘째, 사회생물학의 경우는 이런 관점에 관심을 갖고 있고, 그것이 불러일으키는 반향 또한 암시적이다. 윌슨은 1975년 새로운 학문의 기초를 닦는 하나의 작품[25]을 출판한다. 그는 거기에서 자신의 중심 이론 문제로서 이타주의를 고찰한다. "이론상으로 개인의 능력을 감소시키는 이타주의가 어떻게 자연의 선택에 의해 발전할 수 있는가?" 그는 거기에서부터 '모든 사회적 행동의 생물학적 기초에 대한 체계적인 연구'로서 이해된 사회생물학의 정의를 끌어낸다. 사회생물학이 동물 사회에 집중된다는 것을 인정하는 그는 그렇다고 인간 사회, 특히 원시인 쪽으로의 확장을 배제하지 않는다. 그의 책 마지막장에서는 인간을 사회생물학의 관점에서 고찰하고, 인간이 유전자의 작용과 관련하여 철저하고 만족스럽게 기술될 수 있는가를 검토한다. 그는 기계론적 접근의 가치를 부정하는 대신에 오히려 더 중요시한다. 문제는 동물유전학에 어떤 역할, 즉 최종적 원인이거나 다른 것들 중의 한 원인의 역할을 부여할 것인가를 아는 것이다. 다시 말해 동물이 단지 유전적 기계인가, 아니면 다른 결정 요소들을 포함하는 기계인가?

셋째, 인식비교행동학은 동물에게 선택과 편애를 가질 수 있고, 자료발견법을 따르며, 적어도 어느 정도는 자신의 행동을 계획할 수 있는 능력을 인정한다. 동물은 기억, 세계의 재현과 습득의 능력뿐만 아니라 가장 진화한 종에서는 일종의 자아 의식을 갖는다. 이처럼 동물은 등급의 차이가 존재론적 유사성을 감출 필요가 없다는 데카르트의 동물 기계보다 훨씬 진화된 하나의 인식 기계가 된다.

넷째, 데카르트와는 반대로 비교행동학자들은 인간이 생명체의 기계를 만들어 낼 수 있다는 것을 전혀 배제하지 않는다. 현대 비교행동학과 17세기의 동물 기계 사이의 주된 차이가 결정되는 것은 아마도 거기에서일 것이다. 시뮬레이션 기술에 더욱더 의존하는 것처럼, 로봇 기술자들과 점차로 가까워지는 관계는 이런 의미에서 비교행동학자들의 깊은 신뢰와 완전히 일치한다.

다섯째, 영혼의 문제는 17세기에서처럼 더 이상 제기되지 않지만, 의식의 문제가 새로운 타당성을 갖게 된다.[26] 영혼이 실험의 관점에서 극도로 공허한 개념으로 남는 반면에, 수많은 과학 심리학자들은 동물에게 있어 의식의 존재와 주관적 감정의 존재에 관한 연구 프로그램을 완성하려 한다. 현대적 접근 방식의 독창성은 의식이 동물에게 있어 점진적으로 발전할 수 있다는 것을 인정하는 점이다.

현대 식으로 재론된 동물 기계, 즉 비교행동학의 동물은 그들 메커니즘의 복잡성을 통해 20세기말의 동물적 기계를 예고한다.

5. 동물적 기계

19세기부터 다윈주의의 충격은 엄청났다. 동물이 인간의 위상과 유사한 특별한 위상을 누려야 하는지, 아니면 단지 하나의 특별한 사물에 불과한지를 아는 문제에 있어, 다윈은 인간이 동물의 한 종이거나 심지어는 어떤 동물류라고 가정한다. 《종의 기원》(1859), 《인간의 유래》(1871)에서 다윈은 인간과 동물 사이의 존재론적 **위대한 공유**를 문제삼는다. 인간은 더 이상 자신만을 위해 준비하고 기다려 왔던 어떤 세계 속에서 완성된 피조물이 아니다. 그 피조물은 수많은 우여곡절을 겪으면서 점진적으로 어렵게 진화한다. 인류는 어떤 기술자가 그 작동 설계도를 작성하고, 그 활동을 제어하지 않고도 서서히 형성된다. 다윈의 모델 이후에 기계와 동물은 별개의 방향으로 나아간다. 그들 상호간의 관련성은 전혀 존재하지 않는다. 한편으로 생명체는 돌연변이로부터 야기된 시행착오에 의한 선택 과정과 함께 발전한다. 다른 한편으로 기계는 정확한 기능을 위해 구상하는 기술자의 재능——용어의 두 가지 의미에서(천재 또는 재능)——에 의존하여 구성된다. 중요한 변화가 1980년과 1990년대에 일어난다. 그 당시에 정보처리 기술자들은 그 메커니즘이 기능보다 선행하는 **인간을 위한 자율적이고 진화하며 예측할 수 없는 기계들**을 발명 제작했다. 그래서 당연히 기술자들은 우리가 나중에 다시 살펴볼 개념인 '인공 생명'에 관해서 얘기한다.

‘자율 기계’의 문제는 제2차 세계대전 이후에 특히 중요시된
다. 사이버네틱스의 모색은 많은 동물행동 전문가들로 하여금
동물을 로봇으로 생각하도록 만들었다. 1970년대초부터 쇼뱅[27]은
개미 집단과 컴퓨터를 비교하도록 제안한다. 인공 지능이 아직은
붐을 이루고 있지 않아서 그는 매우 막연하게 ‘복합 컴퓨터’를
언급하는 것으로 만족한다. 그럼에도 불구하고 그는 이러한 기계
들의 ‘자료발견법’에 의거하여 동물의 내부 프로그램을 연구할
것을 제안한다. 행동에 관한 기술은 그 조정의 이해에 대한 중요
성을 상실한다. 유기체의 운동에 대한 중요성은 생리학으로 대체
된다. 영국의 철학자 보덴[28]은 암암리에 쇼뱅의 논의를 다시 취
하지만, 동물을 시뮬레이션하려고 애쓴다. 반면에 프랑스 비교행
동학자들은 집단의 진화 과정에 흥미를 갖는다. 정보처리 기술
자들이 비인간적 지능의 전형인 개미 집단에 더욱더 몰두하는
것은 이러한 관점에서이다. 처음으로 ‘조직 로봇’으로 인식된 개
미집단은 점점 더 ‘사회적 로봇’으로 묘사될 것이다.

　1970년대말부터, 미국의 철학자 데네트[29]는 동물적 기계의 이
론에 관한 개념의 토대를 마련한다. 이용 가능한 기술은 단순한
동물을 만들어 낼 수 있도록 하는 반면에, 인간 시뮬레이션은 여
전히 너무나 복잡하다는 것을 드러내 준다. 이러한 선택은 시뮬
레이션의 원리가 훼손되지 않은 채 필요한 과정을 단순화시킨다.
불가사리의 복제가 불가능하더라도 기술자는 짚신벌레에 적용해
볼 수 있고, 짚신벌레가 여전히 능력을 벗어나 있다면, 그는 생
물학자 브라이텐베르크[30]의 상상적 동물학이 이미 가리키고 있

있던 존재하지 않는 동물들로 옮겨갈 수 있다.

동물 로봇들을 제작했던 브룩스는 사회적 곤충을 컴퓨터의 모델로 생각했던 최초의 한 사람이다. 표현할 방법이 없는 이러한 동물들은 고도로 복잡한 종류에 속하는 동물들보다는 훨씬 제작하기가 쉽다. 브룩스는 생물학자 왹스퀼에 의해 1930년대에 전개되었던 사상을 잇고 있는데, 그는 이 독일 생물학자가 동물들에게 부여해 준 '메르크벨트(Merkwelt)'[31]의 개념을 로봇에게로 확장하고 싶어했다.

메르크벨트는 동물이 현실을 파악할 수 있는 격자이다. 브룩스에 따르면, 더듬이가 달린 어떤 자율 인공 기계도 '고유한 세계'를 갖고 있지 않다는 사실에는 아무런 반론도 없다는 것이다. 거기로부터 동물류의 개념에 직접적인 암시를 통해 '로봇류'라는 표현이 나온다. 그 이후에 자연물과 인공물간의 유사성은 분명히 기정 사실로 받아들여진다. 인간이 동물 메르크벨트에 부여하는 표현은, 동물과 로봇에 관한 표현들을 개념화하기 위해 그가 공들여 만든 하나의 표현이다. 이러한 표현은 이미 인간 메르크벨트의 '중요한 일부를 이룬다.' 다른 메르크벨트의 내부에 한 메르크벨트의 통합만이 존재함에 따라 메르크벨트들의 자체적 표현을 찾는 것은 소용 없는 일이다. 게다가 브룩스는 인공지능의 '장난감 세계'[32]를 거부하고, 인공 장치에 관한 더 많은 자연주의적인 접근을 그것과 대체하기 위해 이러한 사상을 강조한다. 그는 명백하게 곤충의 행동을 인공 시스템에 관한 이론의 현실주의적인 목표로 지적한다.

20세기말에 우리들이 갖는 야망은 계몽주의 세기의 그것을 훨씬 초월한다. 그리하여 단지 동물들을 만들어 내는 것뿐만 아니라 그들에게 생기를 불어넣는 원리, 즉 생명을 제어하는 것이 문제가 된다. 1987년, 로스앨러모스(뉴멕시코 주) 근처에 있는 산타페연구소 소속의 물리학자 랭턴이 조직한 한 '워크숍'의 과정에서 창설된 '인공 생명'은, 무엇보다도 자율적이고 상호 작용하는 로봇이나 진화가 가능하고 자동 변화 가능한 정보처리 프로그램들에서 출발해서 생명을 만들어 내는 것을 분명한 목표로 삼는다. 랭턴[33]에게 있어 인간은 결국 '가능한 생명'[34]을 이해하고 만들어 내어야 하며, 더 이상 '있는 그대로의 생명'——이 경우에는 탄소에 바탕을 둔 생명——에 관한 연구로만 제한하지 말아야 한다. 생명은 그것이 무엇이든간에 단순한 구성 요소들 가운데 조직된 하나의 형태로 환원되고, 그들의 상호 작용에서 생겨나는 현상들은 눈에 띄는 그대로 살아 있는 존재들의 복잡성을 재현하도록 해준다.

이러한 '인공 생명'의 개념에서 나온 동물성에 관한 흥미로운 관점은, 1985년 정보처리 기술자 레이놀즈가 창조한 컴퓨터 화면 위에서 진화하는 가상체인 '보이드(Boid)'[35]를 둘러싸고 생긴 논쟁을 통해 도입된다. 그의 모델은 집단이나 무리의 운동을 가리킨다. 이 '물체들'은 마치 새들이 나는 것처럼 함께 진화하고 상호 작용한다. 이러한 물체들의 국부적인 상호 작용은 특수화될 수 있는 유일한 것들이다. 어떤 일반적인 규칙도 선험적으로 프로그램화되지 않았다.

‘보이드’는 개별적으로 단순한 응집 규칙에 따라야 하는데, 그러한 규칙도 정확한 의미의 규칙보다는 오히려 일종의 경향이다. 이처럼 인식된 어떤 ‘보이드’의 총체는 하나의 동물 무리처럼 빠르게 움직인다. ‘보이드’가 동물인지를 아는 문제에 있어, 랭턴은 그들이 동물이 아니라 할지라도 그들의 운동 그 자체는 동물이라고 확신하면서 부정적인 대답을 한다. 어떤 물리적인 통일성을 갖고 있지 못한 ‘보이드’가 분명 새가 아님에도 불구하고 그들은 새들처럼 난다.

‘인공비교행동학’의 사상이 이러한 연구들로부터 나타난다. **인공의 동물성**은 갑자기 **동물적 인공성**과 마주친다. 예를 들면 인공의 동물성은 자연 상태에서 서로 만나자마자 싸우는 다른 종들의 개미들로 혼합된 집단을 만들어 낸 생물학자 에라르의 ‘사회적 괴물들’[36] 속에 나타나고, 동물적 인공성은 브룩스와 같은 로봇 제작자들에게서 나타나는데, 그들은 동물처럼 행동하는 기계들을 제작하기 위해 공공연히 동물의 행동에서 착상을 얻는다.

6. 동물성의 기술적 적용

20세기에 보여진 동물성의 기이한 운명이여! 동물성을 오히려 형이상학적인, 어쨌든 거의 유용하지 못한 개념으로 간주하는 동물 전문가들에 의해 쫓겨났던 그 동물성이 자율 로봇학과 진화론적 정보처리학의 창가에 다시 나타난다. ‘동물성’에 관해 말하는 것처럼 '기계성'에 대해 말할 수 있는가? 두 경우에, 그 목적과 마찬가지로 그 기능에 있어 인간과 관련하여 어떤 자율성을 부여받은 메커니즘이 관계한다고 평가되면 그렇다고 할 수 있다. '기계성'이 오히려 인간이 나아가기를 두려워하는 것을 나타냄으로써, 동물성이 인간이 빠져 나와 버린 곳에 머문다면 그렇지 않다. 이러한 근본적인 차이에도 불구하고 기계성과 동물성은 '인간을 위한 의미 생성체들'을 가리키는 놀라운 특성을 보여 준다. 술책·기만·함정 —— 의도적인 것과 마찬가지로 —— 의 문제들은 동물성의 중심부에 있다. '생명체로 통하게 되는' 인공 장치가 이미 어느 정도 그렇지 않은가? 그것은 의심할 여지없이 지적인 것을 인간의 본성에 대해 인간을 속일 수 있는 것으로 정의하는 영국의 수학자 튜링[37]의 재능의 발휘와 같다. 그것은 진화 인식의 기생 형태를 개발함으로써 인간과 동물성의 관계를 모방하는 인간과 인공 장치 사이의 어떤 모호한 관계를 통해 지적인 것(지능을 정의하는 것이 아니라)을 규정짓는 거장의 두번째 솜씨였다.

기술은 이러한 의미 생성 인공 장치들 주변에서 풍부한 동물성을 끊임없이 만들어 내었다. 1970년 이후로 더 많은 기술자들은 그들에게 위임된 새로운 도구들, 특히 컴퓨터의 사용을 모색했다. 우리는 그들 중에 몇몇 사람들이 점진적으로 동물의 복제가 그 발생과 계통 발생의 복제로 넘어가면서 일반적으로 생명체, 그리고 특히 동물성에 관한 참으로 가시적인 성찰을 시도했다는 점을 충분히 강조하지 않았다. 기술의 역사에 있어서 처음으로 그 목적이 더 이상 어떤 동물을 재생하는 것이 아니라 동물의 복제를 복제하고, 계속해서 진화하는 동물군을 생산하는 데 있다. 풍부한 역사의 세부적인 것들로까지 거슬러 올라갈 필요 없이, 루이 벡·윌리엄 라담·칼 심스 같은 기술자들은 우리들의 목적에 희한하게도 적합한 아직은 미개척인 분야에 참여했다.

영국의 기술자 윌리엄 라담[38]은 자신이 '조각 유령들'이라고 명명한 것을 창조했다. 이것은 연구중이고 '변이'와 '자연의 선택'에 바탕을 둔 어떤 가상동물학으로 신속하게 변해 버리는 존재하지 않는 물체들의 영상과 관련이 있다. 이처럼 만들어진 형태들은 진화하기 위해 탄생과 성장, 그리고 죽음의 '규칙들'에 의존한다. 자신이 창조한 세계의 '정원사'로 정의되는 윌리엄 라담은 끊임없이 반복된 수많은 훈련의 연속에서 형태들을 증가시키기보다는, 오히려 이처럼 자신이 만들어 낸 형태들의 원리를 찾고자 한다.

프랑스 동물 시스템 기술자인 루이 벡은 여러 해 동안 그가 재창조했던 놀라운 '칼라마르(calamars)'의 존재 조건들을 상상한다. 그러나 그 영상은 그에게 그들 발생학보다는 흥미를 덜 끈다. 어떤 풍부하고도 괴상한 언어에 의거함으로써, 컴퓨터의 실리콘으로 된 공간만큼 자신의 피조물들이 그 언어에 매달려 살아가는 것은 놀라운 일이 아니다. 루이 벡은 의미를 설명하고, 의미론적 결여를 탐구하면서 나열해 놓는 다양한 구성을 이용해 명확하게 구분되는 동물의 계열을 창시한다. 인간의 특성들 중의 하나가 설명하기를 바라고 모방하기를 희망하는 생명체와 마찬가지로, 적어도 풍부하고 창조적인 어떤 언어를 수단으로 동물성을 이해하려는 것이 아닌가?

그러나 인간의 상상력을 통한 동물성의 이해가 자명한 것은 아니다. 인간은 이미 알고 있는 동물성과는 근본적으로 다른 동물성을 생각할 수 있는가? 고생물학자 굴드[39]는 캐나다 버지스의 풍부한 편암 지대에서 발굴했던 선사 시대의 동물들이 매우 힘들게 재구성해 볼 수 있는 어떤 기능성과 일치한다는 것을 알았다. 우리는 동물성과 인간의 공동 진화와 그 생명체와 마주한 우리의 상상력에 관해서 말할 수 있는가? 이러한 공동 진화의 한계들은 진화의 한계와 결합하고, 우리의 상상력의 감옥은 인간과 동물성을 연결하는 또 다른 방식을 구성하는가? 인간과 동물의 근접성이 전적으로 수긍될 수 있는 것은 아니다. 유형의 피조물들인 이들 서로는 또한 그들 자신의 가장 내밀한 곳에서 파악하기를 바라게 될 모든 기계성으로부터 이미 멀어진 하나의 특성인 고통을 공유한다.

7. 고통을 느끼는 동물

고통의 문제는 이 논의 안에서 하나의 본질적인 위상을 갖게 된다. 이것은 고통을 느끼는 동물과 데카르트의 동물 기계를 대립시킨다. 고통을 느끼는 어떤 피조물의 동물성은 확실히 동물 기계의 그것과는 동일하지 않다. 고통은 인간과 동물이 이러한 본질적인 특성을 공유한다는 것을 의미한다. 칸트에게 있어 동물이 권리를 갖고 있지 않다면, 인간은 그들에 대해 의무를 갖고 있다. 뤽 페리[40)]가 상기시켰던 것처럼, 동물을 사물의 상태로 축소시키는 것이 어떤 유희의 대상이 될 수는 없다. 그것은 고통의 광경을 무관심하게 내버려둘 수 없기 때문인가? 문제는 더욱 복잡하다. 데카르트와 주고받은 편지 속에서 모페르튀는 어떤 동물 기계를 죽인다는 것은 시계 하나를 망가뜨리는 것과 같다고 밝힌다. 이러한 행동은 어리석지만 도덕적으로는 비난할 수 없다. 그러나 모페르튀는 한 가지 의심을 품는다. 죽음과 고통은 동물성의 중심축을 이루고 있지 않은가? 프랑켄슈타인에 관한 시론[41)]에서, 장 자크 르세르클이 메리 셸리 이야기의 주요한 특징들 중의 하나가 정확히 본질적으로 고통을 느끼는 피조물을 가리키고 있다고 보는 것을 주목하는 것은 흥미로운 일이다. 그 괴물은 오로지 홀로 존재하는 것이 아니라 고독해지고, 그 고독이 그를 괴롭힌다.

벤담의 공리주의는 동물 기계에서 고통을 느끼는 동물로의 변화를 보여 주는 전형이다. 이 영국 철학자는 그의 《도덕과 법률의 원리 개론》에서, 동물이 권리를 가졌다고 확신하는 최초의 한 사람이다. 그는 그들이 고통을 느끼는 능력을 가졌다는 점으로 이러한 특권을 정당화한다. 자신의 견해에 있어 과격주의자인 그는, 노예들이 그들의 족쇄에서 벗어날 수 있었다면 동물들도 역시 언젠가는 그럴 수 있으리라고 예언하기까지 하면서 주저 없이 동물의 상황을 노예의 상황과 비교한다. 벤담의 연구에서부터 전개된 동물에 대한 도덕적 또는 윤리적 태도는 19세기에 와서 분명해진다. 그러한 태도는 인간과의 관계를 가리키기에 앞서 동물과 관련된다. 양자간의 상호 작용이 법제화되어야 하더라도, 그것은 동물의 위상을 위한 만큼이나 인간의 위상을 위한 것은 아니다. 인간 스스로가 동물을 하나의 사물로 취급하면 틀림없이 인간 자신의 위상의 한 부분을 상실하는데, 이것이 바로 동물이 하나의 사물이 아니라는 증거이다.

동물들은 정말로 고통을 느끼는가? 그들은 실제로 고통을 느끼지 않고도 그것을 똑같이 흉내낼 수 있다. 동물의 고통에 쏠린 관심이 19세기에 있어 그렇게 독창적인 것은 아니다. 모든 반데카르트주의적 전통은 동물이 하나의 기계라는 사상을 비판하는 것과 관련이 있다. 프랑스로만 제한한다면, 라루스·미슐레·셀쉐르나 빅토르 위고 같은 사람이 여기에 해당된다. 동물성의 문제는 이러한 모든 논의의 중심부에서 은연중에 나타난다. 한편으로 동물 기계와 다른 한편으로 고통을 느끼는 동물 사이의 대립은 쟁점의 본질을 잘 보여 준다. 즉 동물 기계는 동물성이 없는 동물이다. 뤽 페리[42]는 이 시기에 어떤 반데카르트주의와 공화주의적 반교권주의의 결합을 정확히 강조한다. 그는 이처럼 동물의 고통에 대한 인식이 동물의 권리 부여의 문제를 좀처럼 수반하지 않는다는 점을 상기시킨다.

생물학이든 권리든 그 무엇을 이용하든, 인간과 동물 사이의 단절을 극복하기 위한 시도들은 다양해졌다. 본성이 아니라 등급과 관련한 인간과 동물 사이의 차이를 어떻게 파악할 것인가?

비록 헨리 솔트[43]가 채식주의에 관한 성찰에서 출발해서 1892년 '동물의 권리'에 관한 최초의 원칙을 만들었다 하더라도, 생태 환경 보호의 감성은 한참 후에 나타난다. 피터 싱어[44]는 1975년 동물의 해방에 관한 자신의 책과 더불어 명성을 얻는다. 앵글로 색슨 철학의 공리주의적 원리에 관한 자신의 논거에 입각하여, 그는 동물에 대한 우리들의 도덕적 태도가 근거를 두고 있는 편견들을 비웃는다. 생체해부학과 동물 실험을 비난하면서, 그도 또한 채식주의와 동물윤리학의 입장을 격찬한다. 리건은 동물의 도덕적 권리 부여에 대한 주된 옹호자가 된다. 그의 주저인 《동물 권리의 사례》[45]는 이러한 사상의 발전에 결정적인 역할을 한다. 그는 동물이 고통을 겪지 말아야 할 뿐만 아니라, 아프지 않은 방법이라도 동물을 죽이는 것을 용인할 수 없다고 생각한다.

8. 말하는 동물

이러한 환경생태학의 주장은 유인원에게 인간의 언어를 가르치려는 시도들로 더욱 강화된다. 이전부터 인정되었던 유인원이 말을 할 수 있다는 것이 해부학적으로 불가능하다는 사실은, 결코 언어의 습득에 있어 중대한 장애가 되는 것으로 생각되지 않았다. 1960년대에 몇몇 심리학자들은 그 철학자들이 이미 오래 전부터 생각해 왔던 경험들을 단지 구체화시켰을 뿐이었다.[46]

리노에 있는 네바다대학의 앨런과 가드너는 어린 암침팬지 워

쇼에게 아메리칸 기호언어(ASL)를 가르쳤고, 펜실베이니아대학의 프리맥은 도상(圖像)이 아닌 인공 상징언어를 사라라는 침팬지에게 가르쳤다. 결과는 예상할 수 없었다. 몇 년이 지난 후에 위쇼는 약 1백30개의 기호를 정확하게 구사했고, 사라는 유추의 문제와 인과성·비례·지향성의 문제들에 관한 테스트를 받을 수 있었다.

이러한 연구들은 심리학자들에게서와 마찬가지로 일반 대중들에게도 지대한 관심을 불러일으켰다. 패터슨은 고릴라에게 ASL을 가르쳤고, 마일즈도 오랑우탄에게 역시 그것을 가르쳤다. 파우츠는 두 마리 침팬지간에 ASL로 의사 소통을 하도록 했다. 룸보프와 세비지 룸보프는 연속된 세 가지 프로젝트의 수행 중에 프리맥이 시작한 인공언어의 발자취를 답습했다.

가장 흥미로운 프로젝트가 칸지 또는 보노보라 불리는 한 마리 난쟁이 침팬지와 함께 수행되었고, 이미 20년 전에 공식적으로 동물의 지능을 확인했던 유인원 연구가들은 이 프로젝트로 단번에 동물 지능의 정점에 이르게 된다. 연구자와 유인원 사이의 은밀한 신호가 이들 유인원의 언어 수행 능력을 설명해 줄 가능성이 있다는 반론은 비디오와 컴퓨터의 사용으로 일소되었다. 이러한 도구들 덕분에 연구자들은 사람이 실제로 없더라도 유인원이 상징을 사용하는 상황을 충분히 상상한다. 따라서 인간과 동물 사이의 어떤 은밀한 의사 소통에 대한 가설은 반박을 받는다. 거기에서 얻은 결과들은 놀랍고도 예상 밖의, 그리고 의심스러울 정도였다. 유인원은 인간을 위해 만들어진 상징언어를 습득하고 사용할 수 있었다. 유인원들은 사물에 이름을 붙일 수 있었을 뿐만 아니라, 그들이 필요로 하는 사물들을 가리킬 수 있었다. 그들은 어떤 상징언어를 통해 여러 마리의 행동을 조정할 수 있었고, 습득된 기록들을 통해 새로운 행동을 발전시키고 주저 없이 거짓 정보를 전달했다.

일상 영어 이해력에 관한 테스트 과정에서, 당시에 여덟 살이었던 칸지와 두 살배기 여자아이를 비교해 보았을 때, 칸지는 그 아이에 비해 전혀 손색이 없었다.[47] 어떤 통사론적 뉘앙스에 있어서는 그 아이보다 오히려 더 민감한 면모를 보여 주었다. 그럼에도 불구하고 여자아이의 언어는 칸지의 언어와는 달리 계속해서 발전했다.

확실히 이 연구 과정중에 얻어진 결과는 놀랍다. 그러나 동물의 '언어'는 결코 인간의 언어와 비교할 수 없을 것이다. 그렇다고 해서 유인원이 인간화되었다고 생각할 수 있는가? 문제는 해결되지 않았다. 행동의 변화가 유인원의 언어 노출에서 비롯되었다 하더라도, 이 연구 결과에 대한 해석은 전혀 명확하지 않다. 칸지의 자연스런 외침 소리는 동류들의 그것과는 매우 달랐다. 사라는 어떤 물건 위로 손가락을 가리킬 수 있었다. 이러한 행동은 보통 다른 침팬지들이 할 수 없는 것이다. 그렇다고 이런 변화가 이 동물들이 다른 동물들보다 더 능력이 있다는 것을 의미하는가? 사라의 행동이 보여 준 것처럼 그들은 그렇다고 생각한다. 유인원과 인간의 사진을 분류하도록 했을 때, 사라는 실수 없이 두 부류로 구분하고 단번에 자신의 사진을 인간의 사진과 함께 놓았다. 우리는 동물을 신뢰해야 하는가?

마음속에 느낀 불편의 원인을 세밀하게 규정짓는 게 쉽지 않다 하더라도, 원숭이의 '언어'는 놀라운 것으로 남는다. 유인원은 언어를 동류나 인간의 행동을 변화시키기 위한 도구처럼 사용하지만, 그 자신은 단지 그 사용 방식을 변화시키기 위해서만 언어를 이용하면서 거기에 놀라울 만큼 무감각한 채로 남아 있다. 게다가 그 언어는 놀랍게도 시간성이 없다. 즉 그 언어는 영원한 현재 속에서 표현된다.

보다 일반적으로 원숭이는 새롭게 습득한 자신의 언어 능력으로 표현하는 것을 전혀 체험하지 못했다. 이 유인원은 어떤 무언의 말을 보여 준다. 비록 말할 줄 안다 하더라도 그에게는 말할 것이 아무것도 없는 것이다. 따라서 '인류 진화'의 문제는 제기된 채로 남아 있다. 부분적으로 자신의 동물성에서 벗어나고, 또 다른 부분에서는 자신의 운명의 경계를 뛰어넘은 그 유인원이 그렇다고 해서 피상적으로가 아니라 진정 인간에게로 근접했는가? 극소수는 아니라도 몇몇 사상가들은 이러한 주제에 관해 상당히 상반된 견해를 피력했다. 예를 들면 《위대한 원숭이 프로젝트》[48]의 창시자들은, 다음과 같은 불확실한 방정식을 다시 거론하면서 비교행동학과 윤리학의 결합을 수립한다. 즉 특별히 지적인 어떤 동물은 재능을 다소 덜 타고난 동물에게는 거부할 특별한 도덕적·법률적 위상을 부여받아야 하는가?

9. 문화의 동물

말하는 동물은 이미 매우 혼란스런 모습이었다. 문화의 동물도 다른 영역에 속하지만 이에 못지 않다. 이것은 1980년대에 나타났지만 1990년대에 가서야 충분히 인정된다. 문화의 동물은 동물성이 자연과 문화를 대립시키는 고전적 이분법에 더 이상 갇혀 있지 않다는 사상과 일치한다. 이후로 동물이 인간과 비교하여 자율적인 문화를 발전시킬 수 있다는 사실은 더 이상 배제되지 않았다.

침팬지에 관한 자연주의적 관찰과 비교행동학적 연구의 현대적 방법론들은, 침팬지가 우수한 도구 제작자에 속한다는 사실을 보여 준다. 1960년대에 구달[49]은 침팬지가 자기가 좋아하는 흰개미를 굴 속에서 쉽게 '낚아올릴' 수 있도록 부러진 작은 가지들을 사용한다는 것을 밝힌 최초의 사람이다. 처음의 놀라운 순간이 지나가자 정밀하고 엄격한 관찰이 시작되었다. 의심할 바가 없었다. 자연 상태에서 침팬지는 여러 가지 작업에 사용한 도구들을 다양한 재료로 만들어 규칙적으로 이용했다. 예를 들면 군집 생활을 하는 곤충들을 잡기 위한 식물 주입관, 호두까기용 돌망치나 모루, 액체 흡수용 낙엽 스폰지, 포식동물이나 경쟁자들을 쫓아 버리기 위해 잎이 무성한 가지로 만든 무기 등이 그것이다. 보다 최근에는 치료나 예방 목적으로 약초를 사용하는 침팬지가 관찰되었다.

갇혀 있든 실험 상태에 있든, 침팬지의 기술적인 반응은 여전히 놀랍다. 뿐만 아니라 자연 상태에서 결코 사용하지 않았던 그릇을 규칙적으로 사용하고, 유인원들은 별 어려움 없이 불을 이용한다.

도구의 사용이 '문화'에 대해 충분히 말할 수는 없다 하더라도, 동일한 재료를 가공하거나 다른 용도의 물건으로 만든다는 사실과 여러 장소에서 관찰된 동종의 침팬지 집단에서 가공물의 용도에 있어 현저한 차이가 나타난다는 사실을 주목하는 것은 흥미로운 일이다. 각기 다른 6개 지역(아시리크 지역의 세네갈, 로페 지역의 가봉, 타이 삼림 지대의 코트디부아르, 보수 지역의 기니, 곰브와 카소제 지역의 탄자니아)의 6개 침팬지 집단에 대한 관찰은, 동종의 아프리카 종려나무에 관한 다양한 행동을 보여 준다. 너무 성급한 결론을 끌어내지 않으려는 신중함에도 불구하고, 이런 명확한 경우에는 마치 이 집단들 사이에서 '문화적 변이체들'이 생겨나는 것처럼 모든 것이 진행된다는 점을 강조할 필요가 있다. 더구나 유명한 유인원학자인 윌리엄 맥그루[50]는 침팬지들의 '원시 문화(proto-culture)'에 대해 말하는 것을 주저하지 않는다.

언어의 부재 그 자체가 어떤 문화의 존재에 대해 부인하는 주된 요인이 되지 못한다. 만일 이것이 사실이 아니라면, 샤니다르의 꽃으로 장식된 묘지들[51]도 근거를 대기 힘든 모든 문화적 특성에서 마찬가지로 배제되어야 할 것이다. 물론 이것은 인간과 침팬지 사이의 실제적인 차이들을 묵살하는 것에 관한 일이 아니다. 주요한 한 가지 예를 인용하자면, 침팬지들은 인간들과는 달리 덩치 큰 동물들을 죽이기 위해 도구를 결코 사용하지 않는다. 이상적인 것은 가능한 비교행동학적인 상황 속에서 침팬지 군(群)과 인간군을 비교하는 것일 터이다. 윌리엄 맥그루는 가장 진화된 기술을 사용하는 것을 보여 주었던 침팬지 공동체와 반대로, 가장 덜 진화된 것처럼 묘사된 인간 집단 사이의 비교를 제시한다. 가장 원시적인 기술을 사용했던 것으로 알려진 태즈메이니아 섬의 사냥꾼들과, 인간이 아닌 가운데서 가장 잘 만들어진 도구의 사용자들로 인정된 탄자니아(탕가니카 호수의 동쪽 연안에 위치)의 침팬지들의 비교는, 윌리엄 맥그루에 따르면[52] 이 침팬지들이 태즈메이니아 섬의 사냥꾼들이 했던 것으로 알려진 모든 것을 실행할 수 있음을 명확하게 보여 준다.[53] 그는 인간의 문화가 침팬지의 그것과 다르다 하더라도, 그들의 많은 행동들은 인간의 행위와 전혀 구별할 수 없다는 점——비록 침팬지가 여전히 충분히 연구되지 않았다 하더라도——을 상기시키면서 결론을 맺는다.

동물 기계와 고통을 느끼는 동물 사이의 근본적인 대립은 20세기에 동물성에 관한 논의의 핵심이 된다. 이러한 대립에서 파생된 몇 가지 주요한 문제들은, 동물에 관한 물질주의적 접근이 유익한가라는 18세기와 19세기의 논쟁에서 직접적으로 흘러 나왔다. 동물을 어느 정도로까지 끌어내리고, 기계와 동일시하려는 사상을 지지할 것인가? 어디서 동물을 동물성에서 해방시킬 수 있는가? 어떻게 모든 부분에서 동물을 설명할 것인가? 어느 정도에서 동물에게 예외적인 위상을 부여할 생각을 할 수 있는가?
그리고 어디까지 동물이 생물학적으로, 철학적으로, 심리학적으
로, 법률적으로 인간과 동등하다고 주장할 수 있는가?

II

잡종 공동체

동물은 단지 영혼이 없는 일종의 로봇에 지나지 않는 것이 아니라 자기 환경의 정보를 다루기도 하고, 최적의 전략에 따르거나 다소 엄격하게 단순한 자극의 연쇄적 반응을 보이면서 어느 정도 효과적으로 기능을 발휘할 수 있다. 동물은 또한 인간이 그를 실상과 상상의 모습에 더욱 깊숙이 끌어들이는 매우 피상적인 것에서 매우 복잡한 관계의 어떤 특이한 다양성을 유지하는 일종의 잡종적 피조물이다. 따라서 동물은 단지 동물학 또는 비교행동학의 대상만이 아니다.

동물성은 인간의 지평선, 즉 자기 상실이나 자기 자신 밖으로 향하는 도피의 지평선으로 남는다. 비록 이런 사상이 자명하지는 않지만, 동물성은 하나의 자연사와 문화사의 결합된 결과이다. 20세기말에는 문화적 공간의 '순화'를 너무 강조하기 때문에, 자연의 영역에 속하는 듯이 보이는 것을 '다른 문화에 수용시키는' 데 있는 전도된 방식은 쉽게 받아들여지지 않는다. 순수하게 자연 그대로의 동물성은 인간을 제외하고, 동물 전체의 생물학적이고 일의적이나 진부하지 않은 어떤 특성이 존재한다는 것을 의미할 것이다. 우리의 언어 범주와 세계의 범주 사이의 관계에 관한 일의성(一意性)을 옹호해야 하는 어려움과 더불어 사태는 복잡해진다.[1] 동물성은 인간과 동물이 협력해서 발전시키는 관계들에 의해 결정된다. 그리고 이러한 관계들은 인간의 역사에 종속된다. 동물성은 신속히 **경계**(방어적 목적에서)임을 드러내는 **한계**(분류학상의 목적에서)를 상기시킨다. 인간과 동물의 경계, 식물과 동물의 경계는 모든 문화, 특히 서양 문화 속에서는 인공물과 동물의 경계처럼 본질적으로 애매모호한 것으로 남아 있다. 마치 동물을 특징짓는 것으로 인간이 자기 자신에 대해 생각하기 위해 도움을 구하는 '제3의 사유자'를 구성했던 것처럼, 수많은 문화들은 인간에 관해 말하기 위해 동물의 형상을 왜곡한다.[2] 근본적으로 관심을 끌 가치가 있는 것은 동물이 아니라 그것이 무엇을 가리키는가 하는 것이다. 레비 스트로스는 토템화된 동물은 우선 인간과 동물 사이의 차이와 유사성을 생각하는데 쓰인다는 것을 보여 준다. '잃어버린 고리'[3]의 문제는, 이런 이유로 해서 실제로 이해되기 전에 환각 상태에 빠져 있는 일종의 계통학 속에서 인간이 집착하는 모호한 관계들의 전조가 된다.

20세기부터 선사 시대의 인간은 동물성과 인간성이 동시에 파악되었던 전대미문의 모습을 갖추게 된다. 인류 진화에 관한 시나리오들은 사람이 스스로 인간성을 갖기 위해 동물성에서 벗어났던 과정을 상기시킨다. 발굴이 진행되고 그것이 더욱 엄격해짐에 따라 인간과 동물들 사이의 어떤 근본적인 대립 사상은 지지받기 어려워진다. 이들 상호간의 연속성은 그 이전보다 훨씬 더 잘 입증이 된다. 더구나 인지과학의 발달과 함께 인간은 더 이상 동물의 본성과는 다른 본성을 가진 존재가 아니라 매우 복잡한 기계 장치를 갖춘 하나의 기관으로 규정지어진다. 인간과 동물의 상보성이 앞서 상정되었던 그들의 대립보다도 더 흥미를 불러일으킬까? 양자 상호간의 공생이 그들 대립보다 더 의미가 없는 것일까? 상보성과 관련된 인간성과 동물성의 이해는 하나의 새로운 타당성을 얻게 되고, '잡종 공동체'의 사상은 인간과 동물에 이르는 관계의 풍부함과 다양성을 포착하기 위한 하나의 중심 개념이 된다. 즉 이러한 관계는 상호간의 의무를 가진 어떤 사회적 계약 위에서 생겨난 것이 아닌, 의미와 이해 관계의 공유를 바탕으로 이루어진다.

1. 인간은 어떻게 동물성에서 벗어났는가?

바타유는 동물성뿐만 아니라 인간성과 동물성의 모호한 경계에 대해 가장 강렬한 관심을 가졌던 프랑스 작가임에 틀림없다. 네덜란드의 역사가 호이징가의 작품 《호모 루덴스》의 서평에서,[4] 바타유는 인류 진화를 이해할 수 있게 해주는 기준들을 지적한다.

놀이는 인간과 동물 사이의 근본적인 변별 기준으로 나타난다. 그러나 일이 없으면 놀이도 전혀 없다. 그런데 그 활동이 어떤 보상 행위로 조절되지 않는 노동하는 동물을 제외하고는 인간만이 유일하게 일을 한다. 예술은 두번째의 주된 변별 기준을 구성한다. 여기에서부터 동물에서 인간으로의 이행에 관한 유일한 시각적 흔적을 보여 주는 동굴 벽화에 대한 바타유의 관심이 생겨난다. 동물에 관한 풍부한 표현들이 인간의 모습을 표현한 것이 없다는 사실과 대조를 이루는 확인된 사항에서부터 출발한 바타유는, 설명 대신에 다음과 같이 은폐와 수치에 관한 기묘한 고찰을 보여 준다. "그(선사 시대의 인간)는 자신이 아닌 짐승의 모습 아래 진정한 자신의 모습을 감춘다."[5] 인간의 모습은 절반 정도만 인정된다. 선사 시대의 인간들은 오히려 자신들이 벗어났던 동물의 이미지를 표현하기 때문이다. 따라서 인간은 동물에게 어떤 시적인 이미지를 부여함으로써 동물에게서 벗어날 것이다. 금지는 인간과 동물 사이의 또 다른 변별적인 기준이 된다. 바타유는 인간의 충실한 재현을 해치는 금기와 선사 시대의 인간들이 동물성을 위해 인간을 부인함으로써 '인간성을 회피했다'[6]는 사실을 동시에 강조한다. 그들에게 있어 동물성에 대한 비전은 긍정적인 반면에 인간에 대한 비전은 부정적이다. 이러한 인류 진화와 동물성의 탈출 과정 속에서, 네안데르탈인에서 호모사피엔스로의 이행은 하나의 근본적인 단계를 나타낸다. 네안데르탈인이 이미 장례 의식을 실행할 수 있었더라도 호모사피엔스만이 예술을 실천하게 된다. 이런 측면에서 바타유는 라스코 동굴에 관심을 표명하고, 거기에 온전한 한 권의 작품을 바치기까지 한다.[7] 금기의 인식이 이미 동물성과의 단절을 이룬다면, 예술의 실천은 인류 진화를 단정하고 확인하며 강화한다. 그러나 동물은 거의 어떤 성스러운 모습으로 표현되고, 종교의 역사는 계속해서 동물성-신성/인간성의 대립에서 동물성/인간성-신성의

대립으로의 이행을 감추는 역할을 하게 된다.[8]

조르주 바타유가 인류 진화 과정의 특징들로 간주하는 놀이, 금기의 중시, 일, 예술의 실천, 또는 심지어 에로티시즘("에로티시즘은 인간의 속성이며, 동시에 수치를 느끼는 것이다")[9]을 통해서건 그는 분명 20세기에 동물성과 인간의 관계를 생각한 대표적인 인물이다. 동물성은 알아볼 수 있지만 연대를 측정할 수 없는 어떤 선사 시기 동안에 인간이 빠져 나온 것이고, 그가 스스로 벗어났을 때 되돌아오는 것으로 인식되었다. 바타유가 "우리의 한 연장인 이런 동물의 삶과 마찬가지로 우리에게는 침투 불가능한 것이 아무것도 없다"[10]라고 고백한다 하더라도, 그는 또한 동물성과 인간성의 관련 문제는 인간이 동물과 유지하는 관계의 문제를 본질적으로 가리키고 있다는 사실을 분명하게 인정한다.[11] 그의 접근 방식은 인류 진화 과정에 있어서 인간성과 동물성의 미묘한 관계를 밝혀 주는 데 특별한 관점을 제공한다. 전후 몇 년 동안에 씌어지고, 르루아 구랑과 동시대에 속하는 그의 텍스트들은 당시에 이용 가능한 참고 자료에 의거했다.

오늘날에는 어떠한가? 인류 진화의 시나리오들은 어떻게 기술되고, 인간에 의한 동물성의 해방에 관한 그 시나리오와 관련하여 우리는 무엇을 말할 수 있는가?

2. 인류 진화의 단계

찰스 다윈은 인간과 침팬지가 동일한 조상이었다고 단정함으로써 동시대인들에게 충격을 주었다. 인간은 현재의 모습 그대로 나타난 것이 아니라 현재의 모습을 갖추는 동안에 오랜 진화의 과정을 겪었다. 그 이후로 선사 시대는 인류 진화의 몇 가지 중요한 단계를 밝혀 주었다. 고생물학자 코팡은 시몬즈가 파이윰의 오아시스에서 발견한 에집토피테쿠스를 특별히 혁신적인 존재로 간주했다. 그 두뇌는 호두보다 조금 작았지만(27㎤), 경부 계통은 근본적으로 개조되었다. 즉 전두엽이 솟아올라 시야가 넓어지고, 후각엽은 점차 쇠퇴되었다. 3천5백만 년 된 에집토피테쿠스를 나무에 사는 반금류와 사바나 주조류의 특성을 동시에 갖고 있는 오스트랄로피테쿠스와 비교하기는 어렵다. 이동 방식으로 보면, 그는 인간과 침팬지 사이의 중간 존재로 보인다. 큰 엉덩이와 입증된 직립 보행이 그를 인간의 경계에 자리잡게 한다. 킬리만자로 지맥 위의 남부 탄자니아에서 메리 리키가 발견한 라에톨리 지대의 유적들은, 30미터를 걸쳐서 이 당시 3명의 직립 보행자가 지나간 것을 보여 준다. 1975년 요한센과 코팡이 발견한 루시의 해골은 횡재나 다름없었는데, 2백8개의 뼈 중에서 52개가 발견되었기 때문이다. '오스트랄로피테쿠스 아파렌시스'인 루시는, 비록 코팡이 우리의 직계라는 데 이의를 제기했지만, 특히 언론을 통해 인류의 '대모'로 알려지게 된다. 2백80만에서 3백70만 년으로 추정되는 그의 나이는 매우 오래 된 것이었다.

게네오와 리처드 리키가 발굴한 **호모 하빌리스** —— 유명한 '1470' ——두개골[12]은 호미니드[13]에서 다음 단계로의 이행을 보여 준다. 호모 하빌리스의 뇌는 확실히 오스트랄로피테쿠스의 것보다 훨씬 컸는데, 거의 고릴라 뇌의 두 배에 달하는 약 8백㎤나 되었다. 하빌리스는 여전히 조잡하기는 하지만 이미 조약돌을 가공할 줄 알았다. 사람들은 오스트랄로피테쿠스와 호모 하빌리스가 함께 거닐었으며, 수수께끼로 남아 있는 어떤 관계를 유지했음에 틀림없으리라 추정했다. 질긴 나무 뿌리를 먹기 위해 턱을 단련했던 오스트랄로피테쿠스와는 달리, **호모**의 종은 특히 고기와 같은 매우 다양한 식량을 과감하게 선택했다. 몇몇 선사학자들에게는 이러한 고기의 소비(물론 여전히 설치류와 날 것으로 먹는 시체로 제한되었지만)는 이 종(種)의 비약에 필요한 채찍질이 되었다. 2백만 년 전에 식량의 비축은 어떤 본질적인 신기원으로 간주될 수 있었을 것이다.

동부 아프리카의 투르카나 호수 근처에서 **호모 에렉투스**에 관한 최초의 뼈 조각을 발견한 것[14]은 인류 진화의 도정에 새로운 단계를 통과하도록 해주었다. 1백50만 년에서 1백60만 년 정도 되는, 의외로 잘 보존된 이 해골은 진정한 인간이다. **호모 사피엔스**와 비슷한 키를 가진 호모 에렉투스는 두 배나 작은 뇌를 가졌음에도 불구하고 호모 사피엔스처럼 걸었다. 오스트랄로피테쿠스에게서는 여전히 매우 뚜렷했던 성적 이형(異形)이 호모 에렉투스에게서는 몹시 약해졌다.

7만 년 전 네안데르탈인의 출현과 함께 인류 진화는 본질적인 단계에 이른다. 네안데르탈인은 잘 알려진 최초의 장례 의식에 열중했다. 이라크 북부 샤니다르 동굴에서 발견된 4구의 해골[15]은 이러한 실행을 거의 의심할 수 없게 만들었다. 이 유골들 근처에서 수집한 흙 채취물들을 현미경으로 관찰했던 솔렉키는, 미나리아재비·접시꽃·히아신스 같은 야생화의 꽃가루가 엄청나게 쌓여 있다는 것을 밝혔다. 이 미국인 연구가를 위해서 시체들은 꽃으로 된 일종의 침대 위에 뉘어져 있었다. 따라서 장례 의식은 아주 완벽했다. 하이파의 남부에 있는 케바라 동굴에서 이루어진 머리가 없는 해골들의 발견[16]은, 네안데르탈인의 주검이 특별한 주목 대상이 되었다는 것을 확인시켜 준다. 그렇다고 네안데르탈인이 현재의 인간을 예고하는가? 몇몇 사람들은 오히려 네안데르탈인을 인류 진화의 '막다른 골목'으로 생각하면서 그 점에 대해 의심한다. 반대로 네안데르탈인과 약 3만 5천 년 전에 나타난 크로마뇽인들은 동일한 시기에 인접한 지대에서 공생했을 가능성이 있다. 그러나 추상적인 의미에서 볼 때, 호모 사피엔스는 근본적으로 네안데르탈인과 구별된다. 즉 호미니드는 확실히 동물성에서 벗어나 인간 속으로 들어갔다.

동물과 관련하여 인간의 변별적인 표시들 가운데는 다음과 같은 것들이 나타난다.

—— 종종 거론된 염색체수는 2천5백만 년 전 호미니드들에게는 48개(현재의 침팬지 염색체수)에서 46개로 변했다.

—— 경골(脛骨)이 길게 뻗고 직립 보행이 가능해졌다. 넓어진

둔부와 침팬지의 골반과 더불어 오스트랄로피테쿠스는 인류 진화 과정에서 결정적인 단계에 이른다.

—— 여러 가지 중요한 것 가운데 시력의 개선, 발의 변형, 자유로운 손, 다양한 음식을 씹을 수 있도록 이가 남으로써 변형된 턱과 납작한 얼굴이 있다.

—— 도구의 일반화된 이용. 부싯돌의 파편을 제거하는 데서 만들어진 것보다 좀더 복잡한 도구, 유명한 '다형석기(sphéroïdes)'[17] 주먹 도구들은 3백만 년으로 거슬러 올라간다.

—— 일반적으로 동물성 '탈출'의 주요한 특성들로 간주된 언어와 상징의 사용. 호모 에렉투스는 이미 말할 수 있었다. 호모 에렉투스는 적어도 언어에 대한 생리적 인식 능력을 갖고 있었다. 두개골은 브로카 부위[18]와 바로 일치하는 공동(空洞)을 보여준다. 제프리 레이트먼은 심지어 호모 에렉투스가 여전히 원숭이의 목구멍을 가졌던 **오스트랄로피테쿠스**와는 달리 언어에 필요한 후두를 가졌다고 생각하기도 한다.

상징 체계의 문제는 특히 복잡하다. 상징으로의 접근이 호미니드의 유골에서는 더 이상 가능치 않지만, 주변에 남겨둔 흔적들 속에서는 가능하다. 가장 오래 된 기호에 대한 연구는 이미 이용 가능한 기호의 재해석과 결합된다. 이런 모험의 완전한 전개 방향을 추적하는 것이 분명 불가능하다 하더라도, 적어도 몇 가지 흥미로운 현대적 해석들을 상기할 수 있는데, 특히 르루아 구랑이나 마샥과 아나티의 해석이 그러하다.

르루아 구랑은 일찍이 구석기 시대의 예술에 관한 사제 브뢰

이의 해석을 재검토한다. 1958년부터 그는 사냥꾼과 그 희생물 사이의 감정 이입에 대한 연구와 관련된 모든 해석에 이의를 제기한다.[19] 반대로 그는 동굴 벽면에 그려진 형상들의 고도로 잘 구성된 배치에 주목하고, 거기에서 비롯되는 상징적 차원을 내세운다. 동굴 벽면의 형상들은 우연히 그려지거나 새겨진 것은 아니다. 그것들은 구조주의의 접근 방식을 따르면서 총체적으로 해석되어야 한다. 동물의 암컷과 수컷의 대립은 이런 배치에 있어서 어떤 본질적인 위치를 차지한다. 그런데 1972년 르루아 구랑의 관점은 상당히 바뀌며, 신화문법적인 접근이 이전의 성적 구조가 있는 모델들을 대신한다. 이와 병행해서 마샥은 구석기 시대의 이동 가능한 인공물에 나타난 표시들을 연구하고, 거기에서 인식과 기능적인 양상들을 끌어내려고 한다.[20] 휴대용 물건의 미세한 표시들에 대한 관심으로 그는 다양한 양식들을 밝히고, 이러한 인공물들이 각기 다른 시대에 걸쳐 새겨지고 다시 새겨졌다는 것을 보여 준다. 이런 흔적들의 의미론을 이해하기 위해서 마샥은 이러한 형상들을 제작하고 사용하는 데 깔려 있는 인식과 통사론적 전략을 재구성하려 애쓴다. 그는 형상들을 동질화하려는 경향이 있는 현대의 재생 기술의 어떤 타락한 효과를 강조하는데, 이런 형상들은 오히려 수천 번 긁어 지우고 다시 사용한 일종의 팔랭프세스트[21]의 운명을 지니고 있다. 동굴 예술에까지 자신의 분석을 확대하면서, 그는 페쉬 메를 동굴[22]의 형상들이 동물의 중첩된 모습들로 그려진 패널화로 구성되어 있다는 사실을 밝힌다. 구석기 시대 인간의 작업은 동질적이지도 않고 일정하지도 않다. 반대로 그것은 역동적이고 발전한다. 그것은 이처럼 발견된 어떤 동물의 형상들과 마찬가지로 동물의 재현 과정의 이미지들이다. 마샥의 방식은 어떤 동굴의 모든 형상들이 동일한 시기에 만들어졌다고 가정하고, 거기에서 구조주의적 결론을 이끌어 내었던 르루아 구랑의 방식과는 대조된다. 마샥은 연구한 여러 가지 대상들이 음력과 관련 있으며, 그러한 대상들은 본질적으로 시간에 의해 형성된 사유로부터 만들어진 것들이라고 생각한다. 이러한 인공물들은 매우 복잡한 하나의 상징적 차원을 띠게 된다.

1989년부터 시작된, 아나티의 가장 최근의 해석[23]은 마샥과 비슷한 방향으로 향한다. 그는 구석기 시대의 인간이 극도로 과소평가된 어떤 상징적 활동을 지니고 있었다는 사상을 심화시킨다. 동굴 벽화 예술은 하나의 언어이다. 아주 다양한 문자소들은 하나의 통사론을 유도하는 문법을 형성한다. 동굴 벽화 예술은 해독할 줄 아는 사람에게는 하나의 진정한 메시지이며, 그 메시지를 사용했던 사람들의 사유와 삶에 관한 정보들로 가득 차 있다. 이러한 회화들은 수만 년이 훨씬 지난 지금에도 여전히 우리를 감동시키는 어떤 특이한 환기력을 지니고 있다. 이것들은 상징적 사유와 마찬가지로 글쓰기의 전제가 된다. 게다가 아나티는 이러한 글쓰기가 공통적인 것이어서, 동일한 20개의 기저 문자소들을 둘러싸고 5대륙에서 형성되었다는 사실을 밝힌다.

예술, 언어, 그리고 호모 사피엔스는 함께 태어난 것일까? 코팡이 상기시키는 바와 같이 "두 개의 얼굴, 부드러운 격침(擊針),

불, 르발루아의 파편,[24] 날, 농업, 글쓰기……의 발견은 거의 보편적이며 거의 동시적이다. 왜냐하면 이것은 하나의 동질적인 인류라는 측면에서 아무리 과거가 오래 되었다 하더라도 거의 필연적인 위대한 단계에 이른 동일한 자연적·문화적 진화를 의미하기 때문이다"[25]라는 사실을 확인하는 것은 놀라운 일이다. 그러나 우리가 인류의 이러한 출현을 재구성하려는 수단을 이용할 수 있는지 없는지를 자문할 수 있을 것이다.

3. 인류 진화의 시나리오에 연결된 상상력

인류 진화의 새로운 시나리오를 제시하는 것과는 달리, 인류학자 스토츠코프스키[26]는 19세기부터 20세기말에 제시되었던 시나리오들을 체계적으로 연구한다. 그의 결론은 놀랍고도 충격적이었다. 즉 인류 진화의 개념은 2세기 이래로 실제적으로 진보하지도 않았고, 시대에 뒤떨어졌으며 반복적인 상상력에 종속되어 있다는 것이다.

이 인류학자는 가능한 영역이 매우 넓은 데 비해 제시된 시나리오들이 단조롭다는 것을 강조한다. 그는 자신이 대표적인 것이라고 판단하는 24개 시나리오들 가운데 가장 빈번하게 재론되는 21개 인과 관계들을 상세하게 분석한 결과, 이러한 관계들은 명백하게 부합하는 결과물들에 거의 의존하지 않는다는 것을 확인한다. 20개의 시나리오들은 인류 진화 과정의 기원이 호미니드로 하여금 밀림에서 떠나 어쩔 수 없이 초원에서 머물게 만들었던 어떤 환경의 변화에서 생겨났다고 보고 있다. 플라이오-플라이스토세의 기후 변화는 명백하게 입증되었지만, 밀림에서 초원으로의 이동은 분명하지 않으며, 거기로부터 생긴 부정적인 견해는 매우 부실한 근거에 바탕을 두고 있다. 전형적인 두 가지 환경은 비록 그 상대적 비율이 변함 없는 것이 아니지만, 항상 공존해 왔다. 메마른 초원은 이러한 시나리오들에서 자주 묘사된 것처럼 사막이 아니다. 영장류에 적합한 몇몇 식물성 양식이 이곳에서 쉽게 발견되었고, 그 총량은 밀림의 그것에 상당한다. 밀림 생활에서 초원 생활로의 이동은 포식동물들이 매우 위협적이 되기 때문이라는 것을 결코 의미하지 않는다. 한 가지 예를 들면 밀림의 표범은 분명 초원의 사자만큼 위험하며, 또한 현대 비교행동학적 관찰들은 이러한 위험을 매우 상대적인 것으로 평가한다.

인류 기원의 원인들은 한 시기에서 다른 시기로의 이동과 관련하여 17세기와 19세기 사이에 이미 분석되었다. 첫번째 시기는 채식을 하는 자연 상태의 인간을 보호해 주는 시기인데, 이들은 고통도 고달픔도 느끼지 않고 쾌적한 기후로 인한 풍요와 포식동물도 없고 질병도 없는 환경 속에서 자연의 감미로움과 자연의 실질적인 사랑으로 각인된 평화스런 삶을 영위하면서 진화를 해왔다. 두번째 시기는 반대로 육식을 하고 궁핍에 빠져 있고, 추위와 혹독한 자연과 질병에 노출되어 있으며, 고달프고 동물에 대항해 싸우며 엄청나게 잔혹한 기후 속에서 투쟁하지 않을 수 없는 사회적 인간의 출현이다. 인류 진화는 추락과 천국으로부터 추방되는 순간에 돌연히 찾아온다.

스토츠코프스키는 인간과 동물을 구별하기 위해 일반적으로 채택된 기준이 일치하지 않는 점을 보여 준다. 인간은 물론 두 발로 보행하지만 닭과 펭귄 또한 마찬가지이다. 그러면 깃털 없는 직립 보행자인가? 예전에 누가 공룡들의 깃털을 상상했겠는가? 19세기에 그런 반론들은 '경박한 것'으로 간주되었다. 스토츠코프스키는 인간의 직립 보행을 아주 특별한 것으로 정의할 필요가 있다고 주장한다. 인류학자들이 그렇게 정의할 수 있다 하더라도, 그런 특성은 인류 진화의 시나리오에는 없다. 앞서 제기된 대립은 인류학자들이 종종 인정하는 것처럼 인간과 침팬지의 대립과 같은 정도의 인간과 동물의 대립이 아니다. 역설적으로 원숭이들에 대한 현새의 판점은 2세기 선에 인정된 것과 너무 비슷해서, 비록 그런 관점이 정확한 관찰 결과에 근거를 둔다 하더라도 당연히 그 정확성에 대해 의심받을 수 있다. 인간과 원숭이 사이에 세워둔 대립은 인간과 동물 사이에서 이전에 기술된 대립만큼이나 그렇게 만족스러워 보이지 않는다.

제시된 동물 조건의 일람표는 고대 이래로 매우 일관되고 동질적이다. 즉 사람들은 종교·정부·개인 소유권·의복과 언어가 없다는 점에 주목한다. 동물성은 근본적으로 인간에게서 기대하는 특징들에 대한 부정으로 간주된다. 이러한 인류 진화에 대한 관점은 인간의 동물적 기원에 대한 어떤 이미지와 시나리오가 만들어지는 순간에 이용할 수 있는 동물성의 이미지의 조첩에서 비롯된다. 원숭이 인간(simio-humaine)의 기원을 인간에게 부여했던 다윈보다는 훨씬 덜 신중한 이런 시나리오들은, 인간의 조상이 일종의 원숭이였다는 사상에 바탕을 두고 있다.

이런 시나리오들 속에는 근거 없는 가설들이 다음과 같이 무성하다.

── 육식이 인류 진화의 과정에 수반되었다는, 오비디우스·호라티우스·루크레티우스에게서 이미 나타났던 사상을 어떤 것도 보강하지 못한다.

── 연구된 대부분의 시나리오들은 **직립 보행**이 인간의 변별적인 특징들 중의 하나라고 평가한다. 크세노폰·아리스토텔레스·플리니우스·비트루비우스, 그리고 오비디우스도 이미 그렇게 주장했다. 18세기에 인간성과 동물성의 대립은 직립 자세와 몸을 구부린 자세의 대립과 항상 상관 관계를 맺고 있었다. 그런데 현대의 인류학자들은 직립 보행의 중요성에 대한 이유들을 설명하는 데 갖은 애를 쓴다. 오클리[27]는 직립 자세가 초원을 덮고 있는 키 큰 풀 위로 볼 수 있도록 해준다는 것을 강조한다. 타너와 질먼[28]은 직립 보행이 포식동물들로부터 보호된 장소로 식량을 가져갈 수 있도록 해준다는 것을 알린다.

── 인간의 특성으로 인식된 **도구**는 오랫동안 인간과 동물 사이의 경계 도면 속에서 지배적인 역할을 해왔다. 18세기는 이것을 인기 있는 주제들 가운데 하나로 삼으면서 거기에 뚜렷한 자연주의의 내포적 의미를 부여하게 된다. 호미노이드[29]에게 부여된 최초의 도구들은 언제나 돌, 나뭇가지, 또는 막대기들이다.

한참 뒤에 볼테르가 계승했던 루크레티우스는 이미 최초의 무기로 돌을 언급했다. 도구가 항상 무기로 나타나는 것이 우연인가? 영장류에 관한 현재의 비교행동학은 반대로 도구의 평화로운 사용을 강조한다. 직립 보행에서 자유로운 손, 그리고 도구의 사용에 이른다는 인과 관계의 고리는 도구의 사용을 송곳니의 쇠퇴와 연관시키는 것 외에는 어떤 사실적인 근거도 없다.

—— 언어에 관한 쟁점은 본질적이며 기술에 종속되는 것으로 인식된다. 인간의 특성으로서 **도구에서 언어로의 이행**도 역시 거의 신뢰할 수 없는 가설의 영역에 속한다. 르루아 구랑은 기술적 행동을 지배하는 뇌의 중추와 언어 활동을 제어하는 중추 사이의 관계가 존재하는 것으로부터 도구의 사용과 언어 활동의 실천 사이의 인과성을 설정했던 최초의 사람임에 틀림없다. 그러나 이러한 연구는 언어학자 호키트에 이어 인류학자 아셔에 의해 계속되었는데, 그들은 오히려 몇 가지 사냥의 제약들이 몸짓의 언어 활동에서 말하는 언어 활동으로의 이행을 필요로 했으리라고 생각했다.

—— **협력**은 종종 동물에서 인간으로의 이행 속에서 중요한 단계로 인식된다. 많은 사람들이 협력은 사냥에서 생겨났으며, 이러한 행위가 협동을 필요로 하게 만든다고 평가한다. 그런데 사냥과 함께 보아야 할 필요가 전혀 없는 다양한 협력 형태가 동물에게서 관찰된다. 비교행동학처럼 영장류에 관한 학문은 사냥을 하는 이를 위해 아무런 위험이 없는 사냥 전략을 기술한다.

—— 협력은 자연스럽게 **사회 생활**로 인도한다. 다시 한 번 어

떤 것도 이런 이행을 확실하게 증명해 보이는 것이 없다는 사실은 차치하고라도, 스토츠코프스키는 사회 생활의 개념에 주어진 축소된 의미로 인해 충격을 받는다. 순전히 실용적인 방식으로 제시된 그 의미는 전적으로 관습·자의성·갈등과 경쟁이 결핍되어 있다.

—— 여러 가지 시나리오들 속에서 작업의 성(性) 분할과 식량 분배는 사냥의 전형적인 결과처럼 보인다. 우연인 것처럼 남자는 사냥을 하고, 여자는 채취나 아이들을 떠맡는다. 그러나 이용 가능한 민족학 자료들은 이런 가설들을 의심스럽게 만든다. 필리핀의 아그타족·오지브와족·아파치족·에스키모족·오스트레일리아의 티위족에서처럼 수많은 문화 속에서 여자들이 큰 불치를 사냥한다. 테스타르[30]는 오히려 이런 작업의 편성을 터부 탓으로 돌리는데, 이 터부는 많은 문화 속에서 여자들이 사냥 무기를 다루지 못하게 ——여자들의 피는 불치의 피와 조화될 수 없는 것으로 간주되기 때문에 —— 한다.

우리는 언어 활동의 출현 원인으로서 사회 생활, 사회 생활의 원인으로서 식량 분배, 도구 사용의 계기로서 사냥의 실시와 같은, 인류 진화의 시나리오들이 빠져 있는 불분명한 상태를 살펴볼 수 있었다. 인류 진화의 모든 시나리오들이 인간을 동물과 구별하는 특징들로부터 이루어진 인간에 관한 정의를 모호함 없이 제공한다 하더라도[31] 어느것도 전혀 만족스럽지 못하다.

왜 인간은 그처럼 자신을 생각하는 데 어려움을 겪게 될까? 왜 결국 인류 진화를 통해 동물성과의 연관성을 포착할 수 없을

까? 우리는 진화론을 너무나 중요시했기 때문에 인류 진화가 우리에게는 인간이 동물성에서 어떻게 '빠져 나왔는가'를 이해하고, 동물성을 보다 더 잘 포착하기 위한 하나의 이상적인 과정처럼 보인다. 그러나 그것은 일종의 환상일지도 모른다. 프랑스 철학자 스티에글레[32)]는 인간과 동물의 근본적인 구별은 어떤 과학적 접근의 대상이 될 수 없다고 생각한다. 그에게 있어 인간의 성격 규정은 오류에 지나지 않는다. 끊임없이 형성중인 인간은 계속적으로 정의되어야 하고, 일단 정의되면 그는 이미 더 이상 과거의 그가 아니다.

마치 기억처럼 르루아 구랑이 처음으로 기술하고, 스티에글레에 의해 심화된 인간의 지적 기능을 객관화하는 과정은 이런 관점에서 유래한다. 내재적인 불안정과 기능의 제한이라는 측면에서 인간의 동일화는 이런 과정의 결과이다. 인간은 자신의 고유한 본성을 가지고 있지 않은 동물이다. 인류 진화는 동물성에 거슬러서가 아니라 오히려 그것과 더불어 생겨났다. 인류 진화는 호미니드와 동물들 사이의 관계에 있어서 어떤 근본적인 변화만큼이나 **동물성과** 단절된 것이 아니다. 인공물의 역할이 인류 진화의 과정에서 재평가되었다면, 동물의 역할이 아직도 매우 평가절하되어 있다는 것은 놀라운 일이다. 동물을 전적으로 무시하는 인간에 대한 정의가 역설적으로 불완전하리라는 것과 마찬가지로, 인간과 관련 없는 동물성의 성격 규정은 생각하기 어려운 것처럼 보인다. 이와 같은 방식은 인간과 동물의 관계가 우연적이고도 피상적이지만, 반면에 다른 이유들로 해서 그것들의 한계가 오히려 서로에게 본질적인 것처럼 보인다고 전제할 수 있다. 여기에서 그들이 함께 발전할 수 있는 관계의 전형을 심화시킬 필요성이 생겨난다.

4. 인간 / 동물의 '잡종 공동체'

동물성은 충분히 고찰되지 못했다. 이것은 특히 서둘러서 해명하고, 인류 진화의 시나리오들을 통해 자주 거론된 모든 이야기들에 의해 끊임없이 서술되고 오염되었다. 우리는 귀신 숭배나 산만한 감상주의 또는 실증주의적 동물학에 빠져 있지 않고도 동물성을 사유할 수 있는가? 인간의 본성에 대립되는 것과 관련하여 동물성을 파악하려는 데 너무나 익숙해져 있어서, 동물성이 오해의 원천이 될 때 우리는 어쩔 줄 모른 채로 남아 있다. 동물과 인간을 뚜렷이 구별하고, 동물과 우리와 유사한 종들과의 상호 작용을 확립하거나 정당화할 수 있는 동물의 본질이나 인간의 본질을 정의하려고 시도함으로써 우리는 분명 길을 잘못 들어섰다.

이런 단정적이고 절대적인 구별의 시도는 진부함(인간은 말하고, 동물은 단지 의사 소통만 할 뿐이다)과 의혹이나 모호함(인간은 동물이 알지 못하는 창조성을 갖는다) 사이를 오락가락한다. 상상 가능한 계시적인 대립 요소들은 단지 그 몇 가지 예를 들어 보면 다음과 같다. 본성/이성, 본능/지성, 본능/제도, 자연/역사, 자연/문화, 필연/자유, 외침/말, 신호/기호. 그러나 이 모든 것들은 거의 설득력이 없다. 비록 동물성의 개념이 동물이나 인간의 여타 부분들을 특징짓지 못한다 하더라도, 그것은 아마도 인간에서 동물에 이르는 **관계**와 같은 매우 복잡한 어떤 것을 명확하게 밝히도록 해줄 것이다. 그래서 동물성은 그들을 구별하는 것보다는 그들에게 공통적인 것과 더 관련된다. 동물성은 특히 인간의 정신과 합리성과 관련하여 자신의 육체, 욕망, 또는 정서를 평가하면서 스스로 감추는 이러한 인간의 차원에 연결되어 있다. **악의 없는** 잔혹성에 관한 사상이 규정지을 수 있을지도 모를 다른 종들이나 인간 자신과의 어떤 조화, 그리고 세상 속에서 자신의 어떤 위치 때문에 동물성은 이러한 인간의 억제할 수 없는 매력의 원천이 된다.

농불성은 정서의 공유가 가능한(반면에 인간은 식물과 더불어 의미도 정서도 공유할 수 없다) 이 생명체와 관련 있다. 인간과 동물을 구분하거나 서로간의 특성과 특질을 규정하려는 다양한 시도들과 비교하여, 그들 관계의 파악은 놀라울 정도로 등한시되었고, 그에 대한 관심도 평가절하되었다. 인간이 다양한 공동체를 구성하는 것과 마찬가지로, 인간과 동물은 여러 세기 동안 혼합되어 있는 특유한 공동체들을 놀라울 정도로 다양하게 형성해 왔다. 이러한 협동에 대한 연구나 이해, 그리고 그 의미가 여전히 미개척 상태로 남아 있다 하더라도 아주 분명하게 서열화된 대립과 관련해서가 아니라 끊임없이 진화하는 상보성의 관점에서 인식된, 현저하게 풍부한 인간과 동물에 관한 사상은 그럼에도 불구하고 협동이라는 측면에서 벗어나 있다. 이런 관점에서 두 가지 중요한 점이 상기되어야 한다. 한편으로는 이런 협동이 비록 그렇게 되지 못한다 하더라도 상호간의 이해 관계와 상호적인 교류에 바탕을 두고 있어서, 이런 협동은 '잡종 공동체'를 형성한다. 다른 한편으로 '잡종 공동체'의 문제는 단순한 민족학의 호기심이라는 영역에 속하지 않으며, 그것은 사육동물과 야생동물의 전형적인 대립을 통해서 접근될 수 있다.

야생동물, 사육동물

동물성은 사육동물과 마찬가지로 야생동물을 포함한다. 그러나 "우리가 사육동물에 대해서 무엇을 알고 있는가?"라고 오드리쿠르와 디비는 자문한다.[33] 사육의 개념은 혼란스러우며, 거기에서 인간과 동물의 관계를 재고할 필요성이 생긴다고 기술사학자 시고[34]는 말한다. 이러한 개념은 분명 세심하게 구분할 필요가 있는, 적어도 다음과 같은 세 가지 사실을 포함한다. 인간에 의한 동물의 **점유**, 인간과 동물의 **친숙**, 인간에 의한 동물의 **이용**이 그것이다. 서비스의 교환에 관해서 말하는 것은 사육을 설명하지 못한다. 동물에 관한 실용주의적 접근은 일반적으로 인간 사회 속에서, 그리고 특별하게는 우리의 문화 속에서의 역할을 분명히 밝힐 수 있도록 허용치 않는데, 그런 관점에서 동물은 인간을 위한 하나의 '존재'처럼 보인다.

식민지화는 어떤 예기치 못한 결과를 가져왔다. 사육동물을 결코 본 적이 없었던 사람들은 처음으로 그들을 만났고, 이러한 사건은 종종 충격을 주는 것이었다. 흘리먼은 누벨칼레도니의 카나크 세계에 개의 난입과 '개들의 우두머리'와 평화조약을 맺으려는 한 족장의 시도를 상기시킨다.

프랑수아 시고, 앙드레 조르주 오드리쿠르와 파스칼 디비는 인간과 동물의 놀라운 혼합 공동체를 기술했는데, 문제는 누가 누구를 길들이는가를 아는 것이었다. 그 대답은 분명하지는 못했다. 《민족지학 개론》[35]에서 마르셀 모스는 이미 "인간은 개를 길들였지만, 고양이는 인간을 길들였다"고 썼다. 인간과 동물의 길들임은 상호 연결되어 있고, 이런 상호성은 잡종 공동체의 중요한 토대를 형성한다. 순전히 일방적인 관점에서의 그들 공동체에 관한 묘사는 전혀 만족스러워 보이지 않는다. 오드리쿠르는 서기에서 생겨나는 '상호적인 진빌'의 세기, 즉 인산의 소금과 오줌을 필요로 하는 반추동물이나, 그들의 똥이나 배설물을 필요로 하는 개와 돼지의 성향에 대해 여러 번 강조했다.[36] 더구나 동물은 인간 가족 속에 선택되어질 수 있고, 당연히 그 일원이 될 수 있다. 에릭슨은 친숙한 동물의 사회적 위상이 그 소비를 배제하는 아마존 부족의 극단적인 경우를 명백하게 기술한다. 오드리쿠르가 보여 주는 것처럼, 동물은 거기서는 심지어 '모성애를 갖고 길러진다.'[37] 동물은 여자들에 의해 그들 품에서 양육되거나, 남자들이 미리 씹어 놓은 음식을 게걸스럽게 먹는다. 게다가 이 인류학자는 뉴기니에서 자기 돼지를 식별하는 것이 인간이 아니라, 모성애를 갖고 자기를 길렀던 '어머니'를 '알아보는' 것은 그 돼지라는 사실을 관찰했다. 연회의 기분에 젖어 있다는 점에서, 인간과 동물의 구별은 사실상 문제가 있다. 사람이 먹을 수 있는 인간들과 잡아먹어서는 안 되는 동물들이 존재한다면, 인간과 동물의 근본적인 대립은 지지받기 어렵게 된다. 아무르 강 하구에 사는 니프크족의 사냥꾼들에게 곰은 산에 사는 인간이다. 니프크족의 어떤 사냥꾼이 곰을 한 마리 죽일 때, 그는 자신의 승리를 곰의 공동체에게 알리기 위해 네 번의 큰 소리를 질러대어야 한다. 반대로 그 사냥꾼이 곰에게 살해되면 가족은 그의 시체를 곰 가죽 속에 마는 데 신경을 쓰게 된다. 죽는 순간에 그는 인간의 위상에서 곰의 위상으로 옮아간다. 게다가 곰은 인간의 언어를 이해하는 것으로 추정되지만, 현자들 가운데 현자인 그 곰은 언어를 좀처럼 사용하지 않는다.

사육과 야생 상태에서 생겨난 대립은, 사육동물이 자신의 동물성을 상실하고 하나의 사물에 가까워질 수 있으리라는 생각을 하게 했다. 그러나 인간과의 접촉에서 동물은 사물과 관련된 것처럼 인간과 관련하여 자신의 특성을 상실하는가? 반대로 동물은 공을 가지고 놀라운 재주를 보여 주는 물개처럼 자신의 잠재력을 보여 주는 특성을 발휘할 수 있다. 인간 그 자신도 사육의 과정에서 무사히 벗어나지 못했다. 역사가들과 인류학자들은 인간과 동물, 그리고 인간들 사이의 뚜렷한 일치를 수없이 보여 주었다. 극소수의 사람들이 실제로 이러한 행동 합치의 의미에 관해 의문을 가졌고, 그것이 생소한 만큼 더욱 우리의 문화적 전통에서 그것을 개념화하는 것이 전혀 준비되지 않았다. 지중해 주변에서 사육과 곡물의 경작은 동물에 대한 사육자(또는 목자)의 어떤 직접적이고 긍정적인 행동을 명백히 보여 주었는데, 이러한 행동은 동시에 지도자가 목자로 근접하는 것(이러한 비교에 대해, 미셸 푸코는 흥미로운 글을 하나 썼다)[38]으로 발전한다. 반대로 마의 경작은 유교를 통해 뚜렷이 나타난 중국 문명 속에서처럼, 인간의 원예 기술을 발전시키도록 한 간접적이고 부정적인 행동을 필요로 한다. 1930년대부터 영국의 인류학자 에번스 프리처드는 누에르 종족과 동물들 사이의 공생 관계로 충격을 받았고, 소의 혈통과 인간의 혈통 사이에 유사성을 발견하기까지 한다.

동물성 구조 속의 인간

순전히 실용적인 관점에서나 능력의 관점에서도 인간과 동물의 관계를 검토하는 것은 더 이상 가능치 않다. 사육이나 야생 상태의 관점에서 그 관계를 기술한다는 것은 문제점을 단지 불완전하게만 설명할 뿐이다. 동물은 집이나 가축 사육장 또는 인간의 전원에서만 살지 않는다. 동물은 인간의 정신과 상상력, 두려움, 그리고 믿음에 들러붙어 있다. 게다가 동물은 인간의 언어 활동 속에서 그 생태학적 지위를 발휘한다. 다른 인간들이 없는 인간은 어떻겠는가? 동물이 없는 인간은 어떨까? 그들을 서로 이어 주는 이상한 관계를 어떻게 설명할 것인가? 아이는 생명체에 대해 매우 일찍부터 강렬한 호기심을 나타내는데, 동물에게는 저절로 끌리는 반면에 식물에게는 곧 무관심해진다.

따라서 인간과 동물이 그런 관계에 깊이 상호 작용하게 되는 것은 사실상 놀라운 일이 아니다. 그들의 풍부한 **의사 소통**은 그들의 다양성만큼이나 놀랍다. 그러나 우리는 문제에 대한 성찰의 빈약함으로 해석되는, 인간과 동물 사이의 이러한 교류 상황과 마주한 인간의 어떤 개념적 무분별에 주목한다. 왜 인간은 그토록 쉽사리 의사 소통이나 일치에 바탕을 둔 것이 아니라 단절에 바탕을 둔 동물과의 관계를 생각할까? 사실은 우리가 인간을 말할 때, 우리는 차라리 서양의 사상가라고 분명히 밝혀야 한다. 반대로 친숙한 동물의 소유자들에게는 협력과 일치, 우애 또는 연회의 기분이 지배적이다.

왜 이런 단절인가? 왜 동물 가운데서 인간을 생각하거나, 그 반대로 생각하는 것이 어려운가? 달리 말해, 왜 **동물성의 구조 속에서 인간을 생각하기를 주저하는가?** 그러나 오드리쿠르는 동물과 인간 사이의 친화력을 주목했고, 인간이 동물을 다루는 것처럼 그 동류를 다룬다고 생각했다. 동물들은 잘 알려진 어떤 모델의 기계——비록 그들이 매우 정밀한 기계 장치로 기술될 수 있다 하더라도——가 아니다. 왜냐하면 그들은 인간의 공동체 속에 통합될 수 있는 가능성을 가졌기 때문이다. 인간과 동물의 관계는 균형이 잡혀 있지 않다. 인간은 그런 관계를 체험하는 것으로 만족하지 않고, 그 관계에 관해 말하고 설명할 뿐만 아니라 정당성을 부여해야 한다고 느낀다. 따라서 인간과 동물은 한쪽이 말하고 다른 한쪽은 침묵을 지키고 있기 때문이 아니라, 한쪽이 그들의 공통적인 관계에 대해 말하는 반면에 다른 한쪽은 그에 대해 아무런 말 없이 단지 그런 관계를 체험할 수 있을 뿐이기 때문에 서로 다르다. 이것이 바로 말하는 동물이 피상적인 방식으로만 말할 수밖에 없는 이유이다. 우리는 항상 필요한 만큼 엄격하고도 세심하게 인간과 동물의 인식론적·언어학적 그리고 언어 활동의 차이를 탐구할 수 있다. 그런데도 어떤 무시할 수 없는 상수가 하나 드러난다. 즉 인간은 타자와 자신의 관계에 관해 말하는 데 시간을 보내는 반면에, 유인원은 자신의 최소한의 부분도 타자에게 일치시키려는 생각조차도 못한다. 동물은 항상 공생의 방식으로 인간과의 관계를 다소 체험하는 반면에, 인간은 이미 어떤 진정한 공동체를 구성하고 있는 중이다.

의미를 선달하는 이타석 농불

동물은 장난감도 아니고 물건도 아니다. 무엇보다도 하나의 존재이며, 거기에 그 특성이 있다. 동물은 인간에게 의미를 전달하는 특별한 이타성을 구현한다.

동물의 이타성은 동물을 사물과 구별하는 것에서 뿐만 아니라, 인간이 자신의 욕망과 기대를 통해 충족하는 본질적인 부재로부터 동물에게 부족한 것에서 생길 수 있을 것이다. 그러나 이 이상한 가설은 부재를 다루는 그런 능력을 통해 동물성을 파악하고, 그 부재 속에서 인간은 자신이 지향하는 것에서 충족할 어떤 기대를 인식하게 된다. 동물은 살아 있고, 움직이고, 목적이 있으면서도 예측할 수 없는 힘을 나타낸다. 이런 특성들은 동물을 사물과 구별하게 해준다. 동물성은 어떤 복잡한 현상뿐만 아니라 인간의 지성과 정서에 대한 하나의 도전을 가리킨다. 이것은 본질적이다. 유동성, 목적성, 그리고 예측불허에 관한 모든 특성들은 식물에서와 마찬가지로 동물에도 적용된다. 여기에서 우리의 철학적 전통에서 전혀 다뤄지지 않았던 문제가 생겨난다. 즉 무엇이 동물과 식물을 구별짓는가? 왜 사람들은 동물성에 관해서는 많이 이야기하면서 '식물성'에 관해서는 별로 이야기하지 않는가? 그것은 동물성의 개념이 생물학에 관한 것이 아니고, 동물의 내재적인 특성보다는 인간과 동물의 특별한 관계를 더욱더 가리키기 때문인가? 인간은 적어도 서양 문화에서는 결코 동물처럼 긴밀한 애정의 관계를 식물과 함께 발전시키지 못한다. 다른 문명, 특히 극동의 전통에서 분재의 형태처럼 어떤 식물의 형태 관계는 인간이 동물과 함께 발휘하는 것보다 훨씬 더 가까운 관계를 반영한다.

그러나 문제는 아마도 방향이 바뀌었을 뿐일 것이다. 왜 식물이 아니라 동물에게 이러한 긴밀한 애정의 관계인가? 한 가지 답변은 동물의 상호 작용을 가리킨다. 생물학자들은 모호한 위상을 가진 수많은 생물들이 차지하고 있는, 식물과 동물을 갈라 놓는 경계를 정확하게 긋기가 가장 힘들다. 동물과 식물이 어떠하든, 한 가지 중요한 차이는 적어도 그들을 인간과 분리시킨다. 즉 인간의 운동과 관련하여 그들의 운동의 상대적 시간성과 거기에서 발생하는 상호 작용이 그러하다. 달리 말하면, 동물 행동의 시간성은 비록 더 느리거나(달팽이의 걸음) 더 빠를(먹이를 덮치는 뱀) 수 있다 하더라도 인간의 그것과 동일하다. 그것은 인간의 행동에 의해 실제 시간에서 변경될 수 있다. 진정한 상호 작용은 길들임, 사육, 사냥, 의식화된 싸움 등을 이용하여 동물과 함께 **복잡하고 의미 있는 연쇄** 속에서 자신의 행동을 조정할 수 있는 한 인간과 더불어 그 시간성에서 생겨난다. 식물의 경우에는 그렇지 않다. 상호간의 엄청난 영향을 부정하는 것은 헛된 일일 것이다. 그러나 식물 행동의 시간성은, 그 존재에 대해서는 의심할 여지가 없는데 너무나 느려서 인간에게는 별다른 의미를 줄 수 없다. 사람들이 거기에 집착하든 그렇지 않든, 인간과 함께 상호 작용하는 유동성은 지능의 주된 속성이다. 이런 관점에서 식물의 위협이 항상 '다수'나 '집합적인' 것과 관련하여 인식되고, 농불에게 있어서처럼 '전략'의 방식으로보다는 전염병처럼 '증식'의 방식으로 체험된다는 점을 주목한다는 것은 중요한 일이다. 동물성은 인간과의 적절한 행동 조정에서 드러나며, 인간은 이것을 의미 있게 파악하고 포착하거나 기술할 수 있을 것이다. 이처럼 수용된 인간·동물의 불균형에 바탕을 두고 있는, 상호적 운동 및 공유된 행동의 적절한 조정과 담론의 교차점에서 동물성을 추적하는 데 있는 이 논제는 놀랍기도 하지만 아마도 풍요로운 것임에 틀림없다.[39]

동물성에 대한 필연적인 관심

80 동물성

생태환경 보호 운동과 동반동물의 증가는 우리의 문화에서 동물의 관계에 관한 새로운 전형을 만들어 낸다. 길들임도 아니고 순화나 사육도 아닌, 생태학적 접근은 **보호**이거나 야생동물의 사냥 이후와 사육 후의 성격을 띠고 있는 하나의 운동이며, 인간 공동체 내에서 공생하는 이중의 조건인, 우리들의 도시와 언어 속에 동물들이 살아가게 하는 어떤 미묘한 방식을 가리킨다. 동물성과 우리들의 관계가 정의되는 대립의 놀이는 20세기 후반에 이르러 근본적으로 변했다. **사육동물/야생동물**의 짝은 **동반동물/보호동물**의 짝으로 대체되었다. 정치생태학은 항상 허약한 이론적 기반을 지닌다. 멸종 위기에 처한 동물의 보호는 하나의 프로그램이 아니라 도덕적 정당화이거나 윤리적 분노인 반면에, 동물성과 생태학의 관계는 본질적이다. 정치생태학의 근본적인 문제는 인간 공동체가 인간이 아닌 생명 공동체와 어떤 관계를 유지할 수 있고, 또한 유지해야 하는가를 아는 것이다. 비록 인간 공동체가 몇몇 종들(코끼리·돌고래·고래·침팬지·팬더곰 등)에 대한 애착을 통해 나타나는 **생명체와 인간의 유대 관계**를 둘러싸고 형성된다 하더라도, 종의 보호는 어떤 필요나 욕망에서 비롯되지만 그 자체로는 가치를 갖지 못한다. 이런 상호간의 특수한 유대 관계는 인간 공동체의 형성에 있어서 본질적이다. 고래가 아메리카 인디언들에게 있어 토템의 역할을 하듯이 우리 사회에서도 그런 역할을 하는가? 20세기말 서양 문화 속에서 우리의 정체를 확인하고, 동물과 우리의 관계를 생각하기 위한 **지지 기능**으로서의 인식이 점차로 나타난다. 돌고래와 고릴라는 대부분이 말하듯이 '지적'이기 때문에 보호되어야 한다. 그들은 또한 다양하고 심오하며 모호한 이유들로 해서 보호되어야 한다. 실제적이든 추측되었건, 그들의 지능은 또 다른 근거에 바탕을 두는 행동들에 대한 하나의 매우 합리적인 증거 자료이다. 몇몇 동물들과의 특별한 관계는 모든 문화에 있어서 필요 불가결하다. 서양 문화는 매우 간접적인 추리 방식으로 체험한 진화의 연속성을 따라 그런 관계를 정당화하기 위한 인식 기준을 이용한다.

인간과 동물 사이의 긴밀한 관계를 정당화하는 데 보다 윤리적이거나 법률적인 이유를 찾을 수 있는가? 인간 공동체에 대한 도덕적·정치적 철학이라는 것과 동등한 가치를 갖는 것이 인간·동물의 공동체에 대해서는 전제 조건의 상태에서만 존재한다. 일부에서는 '생태철학'이라 하고, 다른 한편에서는 '생태학의 철학'이라 부르는 것이 어떤 변화의 싱소를 띤다. 이 방면에서 가장 영향력이 있는 사상가들 중의 한 사람인 안 네스는, 생태철학을 자연 속에서 우리의 종의 위치를 밝히기 위한 생태학의 기본적인 개념들(복잡성·다양성·공생)의 이용으로 정의한다. 그래서 동물성은 자연 사상 속으로 잠기고, 인간은 일반적으로 생명체의 부속물로만 인식된다. 이 노르웨이 철학자의 주요한 작품인 《생태학, 공동체, 그리고 삶의 방식》[40]은, 암시적으로 그 색인 속에 '동물'이나 '동물성'이라는 용어를 포함하고 있지 않다. 더구나 '인간성'이라는 용어도 거기에 나타나지 않는다. 자연 속에 인간의 동화와 자연과 마주한 인간의 의무는, 인간/동물 관계의 중요성과 다양성과 역할을 등한시하는 '심오한 생태학'자들의 중요한 관심사다. 그러나 이러한 주제는 무시할 수 없지만 부차적이다. 서로간에 유익한 인간과 동물 사이의 '특별한 관계'에 관한 사상은, 오히려 종의 분리를 위해——다시 말해 최소한의 접촉으로 어떤 평화로운 공존을 위해——싸우고, 유태인을 고립시킨 것과 같은 게토 전략을 권하는 생태철학에는 하나의 생소한 사상이다. 세계의 '야생 상태'를 보존하는 데 무엇보다도 관심을 갖는 생태철학에서 사육동물은 동반동물 또는 곡예단의 동물로서만 존재할 뿐이다.

그런데 우리 문학과 구전되는 이야기 속에는 종종 놀라울 정도로 강렬한 모습을 띠고 있는 인간과 동물 사이의 '특별한 관계'에 대한 예들이 풍부하다. 어떤 우정이나 강렬한 애정 관계가 인간과 짐승 사이에 발휘될 수 있는가? 대중 작품은 그렇다는 대답을 들려 주고, 한 여성과 침팬지를 묶어 놓는 긴밀한 애정 관계를 다루는 오쉬마의 영화 《막스, 내 사랑》이나 장 콕토의 《미녀와 야수》 같은 많은 예를 보여 준다. 사실상 이론가들의 불안은 어떤 무서운 논리와 관련 있다. 왜냐하면 상보성에 의해서가 아니라, 인간과의 대립을 통해 동물성을 정의한다는 것은 자연히 문제의 총체성을 배제하기에 이르기 때문이다. 잡종 공동체의 힘은 엄청나고 매우 보편적이다. 그것이 성스럽든, 놀이로든, 사육이든, 애정이든, 경제적이든, 야생 상태로든, 아니면 아주 단순하게 요리의 방식에 기반을 두든, 어떤 문화도 적어도 한 가지 종류의 동물과 특별한 관계를 발전시키지 못했다고 주장할 수 없다.

이해 관계의 공유와 의미의 공유

이 잡종 공동체 속에서 인간과 동물이 어떤 형태의 '이해 관계'를 공유하는가? 먼저 물질적인 이해 관계이다. 각각 서로에게 가능한 영양분을 제공한다. 보호와 번식의 이해 관계도 마찬가지이다. 마지막으로 '지적'(마땅한 용어가 없으므로)이라고 부르는 이해 관계가 있다. 양쪽간의 호기심은 상호적인데, 이러한 매력은 무엇을 드러내는가? 자연환경 속에 있는 동물은 다른 동물들에 대해 유사한 호기심을 발휘하는가? 어떤 행동들은 톰슨가젤이나 누의 행동처럼 이런 관점에서 보다 더 잘 알려질 필요가 있다. 그들은 하이에나·치타·사자처럼 그들을 둘러싸고 있는 포식자들에게 다가가고, 그 포식자들 중의 한 마리에게 추격을 낭할지도 모를 위험을 무릅쓰고, 그들 포식자들에게 시선을 고정시킨다.

뿐만 아니라 실용적으로, 특히 **의미의 생성자**로서 동물이 인간 공동체에 대해 나타내는 관심으로 되돌아오는 일은 중요하다. 이러한 동물들이 보여 주는 동물성은 하나의 '통제된 이타성'에 속한다. 친밀한 동물은 공동체의 연대성과 타자의 개방을 보여 준다. 친밀한 동물(당연히 사육된 것이 아니다)은 인간이 공동체 속에서 자기의 고유한 위치를 생각하는 데 도움을 주고, 근본적인 이타성과 더불어, 그리고 어떤 위협적인 외재성과 함께, 그처럼 개념화하기가 극도로 어렵지만 본질적으로 느낄 수 있는 경계를 알려 준다. 샤먼과 마찬가지로 그리스의 견유학파는 이런 관점에서 주목할 만하다. 왜냐하면 혼합 공동체의 실제적인 구성이 그들의 실천 행위 속에서 암묵적으로 읽힐 수 있기 때문이다. '먹기 좋은' 동물들만이 있는 것이 아니라 '사유하기에 좋은' 동물들이 있다.

잡종 공동체가 갖는 어려움은, 언어의 수행을 배제하는 상황에서 **이해 관계의 공유와 의미의 공유**를 의사 소통을 통해 조정해야만 하는 데 있다. 우선 야생동물은 공동체에서 이방인에 불과하다. 야생동물에게 있어서 이해 관계의 공유와 의미의 공유로 결합된 협약은, 사육 또는 길들여진 동물에 대해서와는 전혀 다른 방식으로 작용한다. 어떤 인간 공동체가 야생동물 없이 살아갈 수 있을까? 이 문제는 우리의 문화에 항상 붙어다닌다.

게다가 잡종 공동체는 상호간의 의무에 대한 생각을 배제하는 것이 적합하다고 생각된다. 인간이 확실히 동물(정확히 고통을 느끼는 존재로서)과 마주하여 그런 것을 가졌더라도 그 역은 명백히 잘못이다.[41] 동물원과 자연공원은 확실히 이런 문제에 대한 답이 되지 못한다. 그것들은 반대로 잡종 공동체의 제로 단계를 나타낸다.

금붕어(Carassius auratus)를 재미로 기르는 것은 사육의 개념으로도, 야생의 개념으로도 파악될 수 없는 인간 / 동물 관계들 중의 한 예를 보여 준다. 8세기에 중국에서는 이 '붉은 물고기'에 대해 열광을 보이기 시작한다. 당시에 뚜렷한 특성을 지닌 몇 마리 표본을 낚아서 길렀다. 12세기에 황제나 궁정에서 이 물고기들에 대해 가졌던 열정은, 이들의 변화를 살피고 보호하는 임무를 맡은 '황금 물고기를 기르는 사람'이라는 어떤 동화에서 직접적으로 나온 듯이 보이는 새로운 직업을 출현케 했다. 17세기에 땅 속에 판 연못은 매우 작은 용기로 대체되었다. 1772년에는 이 금붕어의 92개 종이, 그리고 1958년에는 1백58개 종이 존재했다. 매미의 예술적인 사육도 유사한 방식을 갖고 있다.[42]

마찬가지로 사육(domestication)과는 매우 다른 길들임(app-rivoisement)은 잡종 공동체의 출현에 있어서 중요한 역할을 한다. 인간은 매우 집단적인 심리학적 특성들을 제공함으로써 동물들을 사로잡고, 그들에게 먹이를 주고, 때로 그들을 함께 재우기까지 하면서 자연 상태에서 획득한 자율성을 그들에게서 이끌어낸다. 우리는 이 주제를 거의 '심리적 올가미'라고 말할 수 있다. 그러나 이렇게 형성된 의존은 다음과 같은 이중의 의미로 남는다. 인간은 동물에 대한 어떤 실제적인 애정을 품는다. 한쪽에 있어서는 식량의 의존이고, 다른 한쪽에서는 애정의 의존인가? 거기에서 펼쳐질 장면은 여전히 매우 단순할 것이다. 어떤 동물들은 자기를 키워 준 사람에게 감사할 줄을 모르는가 하면, 여러 사람들이 애정의 지지보다는 다른 여러 가지 일들, 예를 들면 사냥을 위해 길들인 동물을 이용할 것이다. 매와의 관계에서처럼 종종 이상한 공생 관계가 거기에서 생겨난다. 분명 다른 종들과 혼합된 채로 형성되는 비공생적 동물 공동체가 존재한다. 그러나 이러한 공유는 항상 자율적인 방식이 아니라 기능 본위의 상호성이라는 측면에서 이루어진다. 다른 종의 동물들이 함께 살아가지만 인간의 중개를 통해서만 그렇다. 놀라운 공동체(예를 들면 개·양·사람)를 위해 인간은 '시멘트,' 요컨대 절대적 중개자를 이용한다.

잡종 공동체의 개념을 통해 제기된 주된 문제는 다음과 같다. 한쪽에서는 말하고, 다른 한쪽에서는 거의 의사 소통도 못하지만, 모두 다 이해 관계와 의미를 공유하는 생물체들 사이에 존재하는 일종의 '사회 계약' 사상은 무엇을 의미하는가? 게다가 인간과 동물 사이에서 의미의 공유 가능성은 이해의 공유로 축소되지 않는다. 현대 정치철학은 특히 하나의 동등한 사회를 생각했지만, 한편은 언어에 접근할 수 있으나 다른 한편에서는 그럴 수 없기 때문에 그 구성원들이 본질적으로 동등할 수 없는 이러한 공동체를 등한시했다. 인간 공동체 속에 동물들을 받아들이게 하기 위한 중요한 전략들 중의 하나가 '동등,' 다시 말해 그들의 지적 능력에서 비롯되는 도덕적·법률적으로 동등한 위상을 확립하는 데 있다는 점을 주목하는 것은 흥미로운 일이다. 결국 이러한 잡종 공동체는 실천의 조정과 절충이 가능하지만, 이론의 여지가 없는 공유된 협력에 바탕을 둔다.

제3의 사유자 문제는 인간과 동물성의 관계에서 가장 중요하다. 중세의 천사, 오늘날 지능을 가진 기계, 말하는 원숭이처럼 인간과 동물의 관계에 대한 사유는 항상 어떤 제3자로부터 형성된다. 모든 인간 공동체는 언제나 다른 살아 있는 존재들, 즉 가장 흔하게는 동물들 때로는 식물들(예를 들면 쌀이나 환각을 일으키는 버섯)과 연루되어 있다. 왜 우리 다른 인간들은 우리의 공동체 속에 동물들을 받아들이려는 많은 욕구를 가졌을까? 왜 인간은 동물성과 무관한 공동체를 구성할 수 없을까? 우리 문화 속에서 동반동물의 증가는 어떤 중요한 현상을 보여 준다. 우리는 아직 그것을 이해하지 못했다. 반면에 그러한 현상은 우리가 공동체에서 행동하는 방식 속에 있는 어떤 본질적인 것과 관계된다. 동물들을 동반한 이러한 공동체의 욕구는 진정으로 동물이 무엇인가를 이해하는 것이 실제로는 힘들다는 사실에 바탕을 두고 있는 만큼 더욱더 파악하기가 어렵다.

토머스 나겔은 "질겁한 박쥐 한 마리와 갇힌 공간에서 몇 시간을 보냈던 사람이라면 누구나 본질적으로 생소한 삶의 한 형태와 조우하게 된다는 사실을 알게 된다"고 썼다.[43] 한 마리 박쥐, 다시 말해 음파탐지기를 써서 반향정위(反響正位)로 세계를 인식하고 천장에 거꾸로 매달려 낮을 보내는 동물이 된다는 것이 어떻다는 말인가? 나겔은 인간에게 있어서 박쥐의 관점에 놓인다는 사실이 의미하는 바를 알아내려고 애썼다. 그는 매우 비관적으로 다음과 같이 덧붙였다. "한 인간 존재에게 있어, 사람들이 그들의 표현이나 이해에 필요한 개념들을 결코 갖지 못할 사실들이 있다는 점을 생각하는 것은 분명 가능한 일이다." 특별한 한 마리 박쥐의 경험 총체가 아니라 모든 박쥐들의 경험의 본질을 탐구하는 나겔은 부득이 '박쥐성(chauve-sourisité),' 다시 말해 박쥐의 주관적 **관점**에 대한 객관적 규정이라 부를 수 있는 것을 파악하려 했다. 박쥐의 뇌가 자신의 감각을 통해 자극을 받는 것처럼 어떤 사람이 자신의 뇌를 자극하는 전기 헬멧을 쓴다면, 그는 박쥐라는 것이 어떻게 되어 있는가를 알지도 모른다.

다른 종들의 구성원들은 객관적인 측면에서 물리적 사건들, 즉 한 종의 각 구성원이 다른 종의 구성원들을 통해 이 사건의 지각 현상을 이해하는 것을 전혀 내포하지 않는다는 점을 이해한다. 이것이 매우 거북스러운가? 어떤 측면에서는 분명 그렇지 않다. 우리가 이해하지 못하는 일들에 대한 진실은 믿을 수 없는가? 나겔은 자신의 생각을 뒷받침하기 위해 다음과 같은 데이비드슨[44]의 한 예를 인용한다. '정신적 사건들'은 그것이 물리적 우연성 ── 비록 그것을 믿을 만한 충분한 이유가 있다 하더라도, 우리가 어떤 실제적인 정신물리학 이론을 결코 이용할 수 없다는 사실을 전혀 내포하지 않는 것 ──속에 포함되었다 하더라도, 반드시 물리적인 서술을 통해 파악될 수 있어야 한다. 우리는 이러한 경험의 주관적 성격을 상상력의 도움 없이 생각할 수 있는가? 나겔은 그렇게 생각지 않는다. 리처드 도킨스[45]는 박쥐의 반향정위에 관한 엄격하게 균형잡힌 어떤 상황을 묘사한다. 그에 따르면 전혀 상상할 수 없는데도 이해할 수 있는(박쥐의 반향정위로 하나의 수학적 모델을 만듦으로써) 현상들이 있으며, 인간은 이러한 결함을 '매우 불쾌한' 상황으로 느낀다.

그러나 그것은 우리가 어떤 현상들에 대한 개념을 갖고 있지 않거나, 우리가 그것을 결코 사용할 수 없는 것이 기정 사실이기 때문이 아니며, 그렇다고 해서 동물과의 관계 속에 갇혀 있기 때문도 아니다. 달리 말해 이해되지 않는 것, 다소 폐쇄적이지만 분명 접근할 수 없을 이 이해되지 않는 것에 대해 관점을 만들어 내고, 행동을 구상하고, 신념을 낳고, 제도를 조직할 수 있다. 정확히 동물성의 경우가 그렇다. 동물성의 개념을 기술하는 것은 가능치 않다. 그러나 제거해 버려야 할 개념은 아니다. 인간은 동물성이라는 것에 관해 명백하고 학술적이거나 있는 그대로의 표현을 갖고 있지 않다. 그는 자신과 동물들 사이의 어떤 본질적인 차이를 느낀다. 그는 인간들과 동물들의 잡종 공동체를 구성할 줄 알고, 스스로를 동물과는 다르다고 생각한다. 동물성과의 관계는 '인식해석학'과 '상상력'의 이중의 과정으로부터 형성된다. 타자에 대한 해석의 불가능성이 동물에게서와 마찬가지로 인간에게서 역시 발견된다 하더라도(동물은 인간이 동물성에 관한 정확한 개념을 갖는 것보다 더욱더 그것을 이용할 수 없다) 그들의 관계는 근본적으로 균형적이지 못한데, 그것은 인간의 상상력을 통한 동물성의 이해가 상호적이 아니기 때문이다.

5. 동물성과 '기계성'

동물, 식물, 의미 생성 인공물, 그리고 인간은 잡종 공동체가 만들어질 수 있는 실체의 부류들이다. 아이들만은 어떤 특별한 위상을 필요로 한다. 언어가 없는 생명체인 이들은 언젠가는 하나의 언어를 습득하도록 되어 있어 그들의 상태는 과도기적인 것에 불과하다. 특히 미래의 사회 속에서 새로운 이타성을 도입하게 될 것은 바로 인공물들이다. 그런데 인간이 동물과 더불어 동일한 유형의 관계를 만들 수 있는 인공물들을 우리는 구상할 수 있는가? 이러한 질문은 인공물이 살아 있을 수 있는가 그렇지 않은가를 알려는 질문으로 대체되어야 한다. 역설적으로 인공 생명의 성공을 검토해야 하는 것은, 아마도 인공 생명이 보통 나타나는 생물학적인 관점에서가 아니라 관계의 관점에서일 것이다. 즉 인공물들은 하나의 공동체가 그들 주변에서 발전할 수 있는 만큼 그런 관점에서 의미 생성자가 된다. 다른 기술들은 이러한 의미 효과를 불러일으키지 못하는데, 이타성을 부여할 수 있는 인공물들만이 그럴 수 있기 때문이다. 이것을 통해 우리가 길들이거나 사육할 수 있게 될 기계들에 관한 선험적인 놀라운 사상이 윤곽을 드러낸다. 인간이 기계와 동물들과 더불어 동일하게 행동하는 이러한 공동체들의 본질이 은밀하게 드러난다.

기술자들에 의해 만들어진 상호 작용하는 놀라운 기계들은, 그럼에도 불구하고 '의미를 부여받은' 만큼 인식적이 아닌 미래의 인공물들의 발전에 관해 심각하게 성찰하도록 한다. 이캄과 플뢰리의 《타자》는 분명 가장 음모를 꾸미는 경우들 중의 하나이다. 유별나게 간단한 숫자로 된 이 형상은 그것과 함께 상호 작용하는 사람의 신체 움직임에 따라서 표현이 바뀐다. 이 기계는 단지 정보만을 다루지 않고, 의미를 조작하고 이 기계와 상호 작용하는 사람은 종종 처음부터 끝까지 근본적으로 생소하고 인위적인 것으로 보이는 한 피조물과 어떤 이해할 수 없는 관계로 현기증을 느낀다. 우리가 그렇게 생각할 수 있는 것보다 훨씬 더 빈번하게 인간은 인공물과 마주하여 실제적인 애정이 자신의 내부에서 커지는 것을 느낀다. 이러한 기계는 자율적이 아니고, 완전히 그것과는 반대적이기도 하다. 이 기계는 오히려 수신기이다. 그러나 어떤 고백할 수 없는 애정의 투사가 있는가? 우리가 감정적으로 너무 결핍되어서 하나의 기계 장치가 우리들의 마음속에 그 기계에 대해 감정들을 발생시키게 하는 것이 아닌가? 아니면 우리가 오래 전부터 동물성과 우리 관계의 기초를 이루는 것을 단지 과대평가했는가?

결 론

　동물성은 인간의 본질도 동물의 본질도 가리키지 않고 오히려 인간과 동물이 하나의 동일한 공간, 즉 물리적이거나 지리적인 공간 이전에 하나의 의미의 공간에서 살아가야 하는 방식을 가리킨다. 동물성의 개념은 동물이나 인간의 주변적인 것들을 생각하는 데 있어서가 아니라 인간과 동물의 관계와 기계와 그들 간의 관계를 밝히는 데 사용된다. 동물성은 동물, 늑대 아동, 최초의 호미니드들(네안데르탈인·크로마뇽인 등)과 관련될 뿐만 아니라 20세기말에 증가하는 상호적이고 진화하는 놀라운 자율 인공물들과도 관련된다. 동물성은 잡종 공동체, 다시 말해 사육에서 인간과 동물의 상호적인 애정이 드러나는 공동체나 그 복제품이 전세계에 퍼져 있는 동굴 벽화의 제작으로 이끈 공동체들처럼, 인간과의 의미와 이해 관계를 공유하는 공동체를 만드는 몇몇 살아 있는 존재들이 갖는 가능성을 지칭한다.

　비록 공상과학과 만화의 주인공들이 두렵거나 우스꽝스럽게 가까운 장래에 그 실현을 예고하더라도 기계의 동물성은 없다. 기계의 본질이 동물성을 배제하기 때문이 아니라, 사실상 인간이 동물과 함께 유지하는 매우 특별한 관계의 유형을 발전시키도록 해주는 기계들이 아직은 존재하지 않는다. 기계는 항상 인간과 동물의 관계 속에서 '제3의 사유자'의 역할, 다시 말해 인간·동물의 관계에서 문제가 되는 것과 관련하여 중간적 실체의 역할을 한다. 예전에 천사가 이러한 위상을 차지했는데, 천사는 기계로 대체되고 아무것도 이러한 상황이 오래 계속하도록 방해하지 않는다. 모든 철학적, 그리고 이어서 과학적 전통이 그렇게 하려고 시도했던 것처럼 근본적으로 동물성을 인간과 대립시키는 일은 실패할 수밖에 없었다.

잡종 공동체의 문제가 여태까지 해결되지 않은 채 남아 있다고 주장하는 것은 무모할지도 모른다. 나는 강박적으로 그 주제에 대해 상술하는 콩트·전설·이야기·우화 등의 모든 민중문학을 참조하지 않았다. 그러나 이러한 대중적이고 은밀한 전통적인 설화의 정신은 계속 이 지면들 속에 존재하고 있었다. 그러한 정신은 인간과 동물 사이의 관계의 다양성과 중요성, 동물계와 인류 사이의 교류를 반영한다. 이러한 관점에서 그런 이야기들은 실제로 철학적인 풍부함을 지닌다. 인간과 동물 상호간의 매력 뒤에는 무엇이 있는가? 이러한 존재론적 호기심이 인간에게 드러내 주는 것은 무엇인가? 잡종 공동체 속에서 인간과 동물 사이의 이러한 의미의 공유 능력은 무엇을 의미하고, 이것이 양자간의 미래에 대해 무엇을 말하도록 해주는가?

나는 이 시론을 통해서 동물성이 어떤 유기체들의 범주에 내재하는 성격 규정이 아니라, 의미와 이해 관계의 공유를 둘러싸고 인간과 특별한 관계를 구축하려는 유기체들——특히 동물들, 적어도 이론상으로는 이들이 유일한 것은 아니다——이 가지고 있었던 특성이라고 관찰했다. 인간 중심의 접근(인간의 관점으로부터 출발하는), 이것은 인간 중심적(모든 것이 인간에게 귀착하

고, 인간과 관련하여 다른 지능을 평가하는)이지도 않고 유인원
(동물 가운데서 인간을 찾는)적이지도 않는데, 물질적 이득(단백
질의 공급원으로서 동물)이나 박물관 증후군(향수를 간직한 야생
상태를 보존하고 있는 발자취로서의 동물)에 바탕을 두지 않은 생
명체들의 한 공동체의 기반을 세우는 데 목표를 둔다. 더욱이 뚜
렷한 목적은 그러한 접근을 정당화하고, 그러한 목적을 통해서
과학적 환원주의를 벗어나 인간이라는 것에 관한 만족스런 설명
이 이루어진다.

게다가 여전히 미개척 상태에 있는 동물성에 관한 이러한 작
업은, 각자가 본질적이라고 느끼지만 종종 터무니없는 방식으로
기술되고 증명되는 생태학적인 투쟁을 정당화하기 위해 필요해
졌다. 우리 각자는 위협받는 야생 상태가 역시 존재하며, 특히 우
리 어린 시절의 본질적인 한 부분에 관한 그런 상태가 회복 불
가능할 정도로 사라진다는 것을 안다. 인간과 동물의 관계가 존
재론적이고 필연적이지만 실용적이지도 우발적이지도 않다는
사상은 지나친 ‘동물 중심주의’를 피하고, 동물을 배제하지 않는
인간의 사상을 발전시키기 위해 그 어느 때보다 더욱 효과적으
로 투쟁할 필요성을 가리킨다.

동물성은 인간에게 붙어다닌다. 동물과는 독립적으로 한 인간
을 정의한다는 것은 커다란 의미를 갖지 못한다. 인간과 동물의
관계에 대한 신비롭거나 유토피아적 경향은 정당하지만 혼란스
런 방식으로, 단지 동물에 상반되어서가 아니라 동물과 더불어
형성된 인간의 특성을 표현했다. 인간과 동물 사이의 단정적인
이분법에 바탕을 둔 과학적 접근은 더 이상 유효하지 못하며, 인

류 진화의 시나리오들은 이러한 관점에 많은 흥미를 제공한다. 진부하거나 논박의 여지가 있는 고정된 기준은 거의 전적으로 받아들여질 수 없다. '지능 기계'와 '자율 로봇'의 비약적인 발전이 그런 기준에서 아무것도 변화시키지 못했다. 기계가 동물보다 더 지적일 수 있다는 점을 인정할 생각을 가졌다 하더라도, 어느 누구도 동물과는 반대로 기계에 어떤 정신적 가치를 부여할 생각은 하지 않는다. 인공물과 생명체 사이의 오랜 구별은 우리가 쉽게 기계를 거부할 어떤 힘을 간직하고 있는데, 그것은 인간이 인공물과 더불어서가 아니라 생명체와 함께 의미와 이해관계를 공유할 수 있기 때문이다. 적어도 아직은 그렇다. 동물이 인간에게 의미를 실어 나르는 이타성으로 머문다 하더라도, 인간은 어떤 생태학적·정신적·법률적·애정적·인식적 지위를 점진적으로 형성하는 동물성의 구조 없이는 아무런 의미가 없다.

주

I 인간과 동물의 표현 역사에 관한 제요소

1) Kristof Pomian, 〈철학적 존재로서 동물론 De l'animal comme être philosophique〉 in 《데바 Le Débat》, 1983, n° 27, pp.127-142.

2) 몽테뉴는 인간과 동물 사이의 매우 강력한 연속성의 입장을 취한다. 수상록 les Essais, II, XII, 〈레이몽 스봉의 변명 Apologie de Raymond Sebond〉, Paris, Éd. Garnier-Flammarion, 1969를 참조. 몽테뉴와 '인간 종(種)'('동물성'의 개념에 대한 보충으로서)의 개념에 관한 한 논의는 마르퀴지(M. Marcuzzi)의 〈인간 종 Le genre humain〉(Kambouchner D., 《철학의 개념 Notions de philosophie》, Paris, Éd. Gallimard, coll. Folio-Essais, 1995, pp.301-363)에서 개진되었다.

3) 이러한 문제에 관한 아주 완벽한 논의로서, Singh J. A. L. et Robert M. Zingg, 《미개인: 늑대 아동에서 카스파 하우저까지 L'Homme en friche: de l'enfant-loup à Kaspar Hauser》, Bruxelles, Éditions Complexe, 1980에서 우리는 쟁그(R. M. Zingg)의 분석을 보게 된다.

4) 예를 들면 술탄푸르의 야만 아동(1860년 또는 1861년), 샤자한푸르의 늑대 소년(1858년), 시칸드라의 늑대 아동(1872년) 등의 사례를 인용할 수 있다.

5) 빛을 두려워하는 자; 밤에 보고 활동하는 자.

6) Malson L., 《야만 아동 Les Enfants sauvages》, Paris, UGE, coll. '10/18,' 1964의 권위 있는 논의를 참조하라.

7) Tinland F., 《야만인: 호모 페루스와 호모 실베스트리스 L'Homme sauvage: Homo Ferus et Homo Sylvestris》, Paris, Éd. Payot, 1968을 참조.

8) Élisabeth de Fontenay, 《디드로 또는 매혹적인 물질주의 Diderot ou le matérialisme enchanté》, Paris, Éd. Grasset, 1981.

9) Forsyth D., 〈브라질 인류학의 태동: 예수회와 투피남바의 식인 풍습 The beginnings of Brazilian Anthropology: Jesuits and Tupinamba cannibalism〉 in 《인류학 연구지 Journal of Anthropological Research》, 1983, 93, 2, pp.147-178의 흥미있는 기사를 주목하자.

10) René Descartes, 《작품과 편지 *Œuvres et Lettres*》, Paris, Éd. Gallimard, coll. 'Bibliothèque de la Pléiade,' 1953 중에, 1649년 2월 5일 모뤼스(Mo-rus)에게 보내는 편지, A. Bridoux 번역.

11) 《방법서설 *Discours de la Méthode*》, 5부, Paris, Éd. Flammarion, 1966, pp.78-79.

12) 이 편지는 동물에 관한 데카르트의 사상이 사람들이 보통 그에게 부여하는 것보다 훨씬 더 여러 가지 뉘앙스를 갖고 있다는 점을 드러내 준다.

13) La Mettrie, 《인간 기계 *L'Homme-Machine*》 in 〈철학 작품집 *Œuvres philosophiques*〉 (1751), Paris Éd. Fayard, 1987, vol. I, pp.63-118.

14) La Mettrie, *op. cit.*, p.69.

15) La Mettrie, *op. cit.*, p.105.

16) La Mettrie, *op. cit.*, p.76.

17) 르루아(Leroy, C.-G.)는 예외가 될 것이다. 《동물에 관한 편지 *Lettres sur les animaux*》, Anderson E.(éd.), Oxford, Voltaire Foundation, 1994 참조.

18) 17세기초, 해적 바텔은 그가 콩고 강 하구에서 만났던 사람을 닮은 원숭이, 고릴라들에 관한 최초의 보고서를 썼다.

19) 생기론(vitalisme)은 오직 생명체 속에만 존재한다고 생각된, 소위 활력 또는 '생명의 약동'(베르그송의 용어)이라는 말에서 따옴. 생기론자들은 생명에는 당연히 신성한 요소가 들어 있으며, 어떤 특수한 물질이 생명과 무생명을 갈라 놓을 것이라고 생각한다. (역주)

20) Condillac, 《동물론 *Traité des animaux*》, Paris, Éd. Vrin, 1987, p.59 중에서 다고네(François Dagognet)에 의해 인용된 〈콩디야크의 관점에서 본 동물 L'animal selon Condillac〉.

21) Condillac, 《동물론 *Traité des animaux*》, *op. cit.*, p.483.

22) Condillac, *op. cit.*, p.486.

23) Jean-Jacques Rousseau, 《인간 불평등 기원론 *Discours sur l'origine et les fondements de l'inégalité parmi les hommes*》, Paris, Éd. Gallimard, coll. 'Folio,' 1985, p.72.

24) 헤르더는 원숭이가 자신에게 고유한 어떤 것도 모방할 수 없다고 생각하고, 보리 드 생 뱅상(Bory de Saint-Vincent)은 오랑우탄의 능력이 너무 약해 변화와 자기 교육의 순환 속에 편입될 수 없다고 평가한다.

25) Edward O. Wilson, 《사회생물학: 새로운 합성 *Sociobiology: The New Synthesis*》, Cambridge, Harvard University Press, 1975, 축약 불역본, 《사회생물학 *La Sociobiologie*》, Monaco, Éd. Le Rocher, 1987. 불어권 독자는 베이유(Veuille M.)의 《사회생물학 *La Sociobiologie*》(Paris, Éd. PUF, 1986)에서 사회학에 관한 흥미로운 소개를 발견할 수 있고, 그리고 제송(Jaisson P.)의 변호(《개미와 사회생물학자 *La Fourmi et le Sociobiologiste*》, Paris, Éd. Odile Jacob, 1993)와 비교해 읽을 수 있다.

26) 박쥐 전문가인 그리핀(Griffin, Donald Redfield)은 동물에 있어서 이러한 연구를 주장하는 최초의 사람들 중의 한 사람이었다. Griffin D., 《동물의 생각 *Animal Thinking*》, Cambridge, Harvard University Press, 1984; C. Vinsonneau의 불역, 《동물의 생각 *La Pensée animale*》, Paris, Éd. Denoël, 1988 참조.

27) Rémy Chauvin, 〈컴퓨터 프로그램에 맞선 비교행동학적 방법 *La méthode écologique confrontée aux programmes des ordinateurs*〉, 《정상과 병상심리학지 *Journal de psychologie normale et pathologique*》, 1972, 3, pp.261-287.

28) Margaret Boden, 〈인공 지능의 관점에서 본 동물의 지각 *Animal perception from an Artificial Intelligence Viewpoint*〉, in Hookway C.(éd.), 《정신, 기계, 그리고 진화: 철학적 연구 *Minds, Machines and Evolution: Philosophical Studies*》, Cambridge, Cambridge University Press, 1984, pp.153-174.

29) Dan Dennett, 〈왜 완전한 이구아나가 아닌가? *Why not the whole Igu-ana?*〉, 《두뇌와 행동학 *Brain and Behavioural Sciences*》, 1978, 1, 1, pp.103-114.

30) Valentino Braitenberg, 《기구: 종합심리학의 시론 *Vehicles: Essays in Synthetic Psychology*》, Cambridge, Cambridge University Press, 1984.

31) "메르크벨트는 감각중추가 행해지는 방식을 따른다. 감각중추는 동물에 있어 고유한 배치에 따른 자극들의 분류를 구현한다. 메르크벨트는 동물과 세계 사이에 삽입된 일종의 격자이다"라고 메를로 퐁티는 쓰고 있다. Maurice Merleau-Ponty, 《자연: 콜레주 드 프랑스의 강의 *La Nature: Cours du Collège de France*》, Paris, Éd. du Seuil, 1995, p.226.

32) '장난감 세계'의 용어는, 어떤 정보 프로그램의 중개로 효과적으로

조작할 수 있는 극도로 단순화된 인공의 세계를 지칭하기 위해 인공 지능으로 사용된다.

33) Chris Langton, 〈인공 생명 Artificial Life〉, in Langton C. (éd.), 《인공생명 *Artificial Life*》, New York, Addison-Wesley, 1989, pp.1-47.

34) 현재 지구상에 나타난 생명(탄소에 기초한 생명체의 특수한 한 유형)은 무수히 많은 생명 형태 중의 하나에 불과하다. 현재 우리 눈에 보이는 생명 형태는 그처럼 많은 가능성 중 하나에 불과하기 때문에 이외의 무수히 많은 가능한 생명 형태가 존재한다. (역주)

35) 무리짓는 새들뿐만 아니라 물고기의 무리짓기에도 적용될 수 있는 'birdoid' 의 약어. (역주)

36) Christine Errard, 〈세대에 따른, 왕개미와 슈도머멕스 종의 개미들에게 있어 특이한 이종(異種) 혼합 집단 속의 사회적 관계의 진화 Évolution, en fonction de âge, des relations sociales dans des colonies mixtes hétérospécifiques chez les fourmis du genre Componotus et Pseudomyrmex〉, 《사회적 곤충 *Insectes sociaux*》, 1984, 31, pp.185-198.

37) 튜링은 수학자였고, 이론정보학의 아버지였다. 그는 특히 하나의 기계가 지적인가 아닌가를 결정하도록 해줄 기준이 어떤 것인가를 연구했다. 그는 다음과 같은 유명한 테스트를 생각해 냈다. 즉 한 사람이 어떤 방에 위치한다. 그는 텔레타이프를 이용하여 또 다른 방에서 테스트받도록 되어 있는 기계와 세번째 방에 있는 두번째 사람에게 질문을 한다. 그는 사람과 기계가 각기 어느 방에 있는지 모른다. 그러나 그는 질문에 대해 보내온 답변으로부터 둘 중 어느쪽인지 결정해야 한다. 튜링은 첫번째 사람이 두번째 사람과 기계를 혼동하는 순간에 기계가 지적인 것으로 간주될 수 있다고 생각한다. Alain Turing, 〈계산기와 지능 Computing Machinery and Intelligence〉, 《마음 *Mind*》, 1950, LIX, 236 ; 불역 P. Blanchard, in Anderson A. R. (éd.), 《생각과 기계 *Pensée et Machine*》, Seyssel, Éd. du Champ Vallon, 1983.

38) Todd S. and Latham William, 《혁신 기술과 컴퓨터 *Evolutionary Art and Computers*》, London, Academic Press, 1992에서, 우리는 그의 작업에 관한 매우 완벽한 설명을 읽을 수 있다.

39) Stephan J. Gould, 《생은 아름답다 *La vie est belle*》, Paris, Éd. du Seuil, 1992.

40) Luc Ferry, 《새로운 비교행동학의 영역 *Le Nouvel Ordre écologique*》, Paris, Éd. Grasset, 1992.

41) Jean-Jacques Lecercle, 《프랑켄슈타인, 신화와 철학 *Frankenstein, mythe et philosophie*》, Paris, Éd. PUF, 1988.

42) Luc Ferry, *op. cit.*

43) Henry S. Salt, 《동물의 권리 *Animal Rights*》, Fontwell, Centaur, 1982 and 1980.

44) Singer P., 《동물의 자유: 동물에 대한 새로운 윤리 *Animal Liberation: A New Ethic for our Treatment of Animals*》, New York Review, New York, 1975; 불역 L. Rousselle, Éd. Grasset, 1990.

45) Berkeley, University of California Press, 1983.

46) 이러한 연구들과 몇 가지 철학적 쟁점에 관한 비평적 논의를 위해서는 Lestel D., 《원숭이의 말: 인간·유인원의 불가능한 대화 *Paroles de sin-ges: l'impossible dialogue homme/primate*》, Paris. Éd. La Découverte, 1995를 참조하라.

47) 캐나다 심리학자 메를린(Merlin D.)은 이러한 비교가 심각한 제한을 가져온다고 생각한다. 왜냐하면 이런 비교는 본질적인 것, 즉 원숭이는 결코 자신의 언어학적 능력을 개선케 하는 과정을 스스로 시작할 수 없는 반면에, 아동은 항상 자발적으로 그렇게 할 수 있다는 것을 설명하는 데 소홀히 하기 때문이다. Merlin D., 〈현대 정신의 기원설: 문화와 인식의 진화에 있어서 3단계 Précis of Origins of the modern mind: three stages in the evolution of culture and cognition〉, 《행동두뇌과학 *Behavioral and Brain Sciences*》, 16, 4, p.740을 참조하라.

48) Cavalieri P.와 Singer P., 《위대한 원숭이 프로젝트: 인류를 초월한 동등성 *The Great Ape Project: Equality Beyond Humanity*》, New York, St Martin's Press, 1994.

49) Jane Goodall, 〈독립 생활을 하는 침팬지 공동체에서의 도구 사용과 조준 투척 Tool using and aimed throwing in a community of free-living chimpanzees〉, 《자연 *Nature*》, 1964, 201, pp.1264-1266.

50) William McGrew, 《침팬지의 물질 문화 *Material Chimpanzee Culture*》, Cambridge University Press, 1992.

51) 이에 대해서 우리는 아를레트 르루아 구랑(Arlette Leroi-Gourhan)의

<샤니다르 IV에서 발견된 꽃, 이라크의 한 네안데르탈인 무덤 The flowers found with Shanidar IV, a Neanderthal burial in Iraq>, 《사이언스 *Science*》, 1975, 190, pp.562-564의 기사를 참조했다.

52) McGrew, *op. cit.*, p.144.

53) 우리는 이러한 영역에 있어서의 진보적인 가설들에 비추어 어느 정도 신중을 기하려 한다. 태즈메이니아 종족들이 19세기 유럽인들에 의해 완전히 몰살되었기 때문에, 이 종족들에 대해 우리들이 알고 있는 지식은 전적으로 한 영국인 식민지 개척자인 존스(Jones)의 민족지 연구에서 비롯된 것이다. 그의 연구가 비록 훌륭하더라도 이미 낡은 것이 되어 버린 반면에, 탄자니아의 침팬지들에 관한 '민족지학'은 계속 연구되고 있다.

▋ II 잡종 공동체

1) 프랑스에서는 심리언어학자인 뒤부아(Dubois D.)가 국립과학연구소(CNRS)에서 '자연의 범주'의 개념 자체에 대해 재검토하는 매우 흥미있는 한 실험을 했다. 이렇게 함으로써 그녀는 모두가 움직이는 모든 것들을 '순화하려'고 애쓰는 환경 속에 어느 정도 신선한 공기를 불어넣었다. 프랑스어로 '순화하다(naturaliser)'가 '자연스럽게 만들다'와 '박제로 만들다'를 동시에 의미한다는 것은 주목할 만하다.

2) 레비 스트로스의 작업은 이런 문제에 있어서 중요하다. 《야만의 사고 *La Pensée sauvage*》, Paris, Éd. Plon, 1962; 《현대의 토템 숭배 *Le Totémisme aujourd'hui*》, Paris, PUF, 1962와 같은 그의 작품들을 참조하라.

3) '잃어버린 고리'는 인류와 다른 유인원들 사이의 삶의 한 형태이다. 그것은 이들 상호간의 전이를 확신하는 것으로 가정한다. 그러나 다윈과 헉슬리(Huxley)의 반론에도 불구하고, 유례를 찾아볼 수 없기도 하고 의문의 여지가 남아 있는 이 문제는 19세기와 20세기 사이에 매우 인기를 누리게 된다. 참고, Beer G., 《잃어버린 고리의 탐구: 범학문 분야의 모험담 *Forging the Missing Link: Interdisciplinary Stories*》, Cambridge University Press, 1992.

4) <거기에서 우리는 진지하기를 주장하는가? Sommes-nous là pour être sérieux?>, 《비평 *Critique*》, juin 1951, n° 49, pp.734-748과 août-septembre 1951, n° 51-52, pp.734-748; *Œuvres complètes*, Éd. Gallimard, XII, pp.100-125에 재수록.

5) 〈동물에서 인간으로의 이행과 예술의 탄생 Le passage de l'animal à l'homme et la naissance de l'art〉, 《비평 Critique》, 1953, n° 71, pp.312-330; Œuvres complètes, Éd. Gallimard, XII, p.262에 재수록.

6) ibid., p.265.

7) 《라스코 또는 예술의 탄생 Lascaux ou la naissance de l'art》, Éd. Skira, 1955; Œuvres complètes, Éd. Gallimard, IX, pp.7-101에 재수록.

8) 〈선사 시대의 종교 La religion préhistorique〉, 《비평 Critique》, 1959, n° 147-148; Œuvres complètes, p.513에 재수록.

9) 〈에로티시즘, 도덕의 지탱 L'érotisme, soutien de la morale〉, 《예술 Arts》, 1957, n° 641, pp.1과 3; Œuvres complètes, XII, p.467에 재수록.

10) 〈동물성 L'animalité〉 in Œuvres complètes, XII, p.534

11) 〈동물에서 인간으로의 이행과 예술의 탄생 Le passage de l'animal à l'homme et la naissance de l'art〉, ibid., p.275.

12) 이 발굴은 1972년 11월에 이루어졌다.

13) 호미니드(hominidé)는 오스트랄로피테쿠스와 호모(homo)를 비롯해 사람의 특징을 가진 인류. (역주)

14) 이것은 1984년 9월에 발견되었다.

15) 이것은 1960년에 발견되었다.

16) 이 해골들은 1983년에 발견되었다.

17) 올도완 연모의 하나로 여러 면 연모라고도 한다. 올도완 연모는 1960년대에 탄자니아의 올두바이 협곡에서 출토된 연모에 붙여진 이름으로 메리 리키가 정의하였다. (역주)

18) 브로카(Broca) 부위는 말과 언어를 담당하는 뇌의 한 부위. 말의 형태와 의미는 처음에 베르니크 부위에서 발생해 충동적으로 아치형 신경다발(아쿠에트 파시쿨루스)·신경가닥 뭉치로 전달된다. 곧 브로카에 발성을 위한 프로그램으로 전환한다. (역주)

19) 다음의 두 작품에서 르루아 구랑이 가진 사상의 핵심을 찾을 수 있다. 《동굴 예술 L'Art des cavernes》, Imprimerie Nationale, 1984와 《서양 예술의 선사 시대 Préhistoire de l'art occidental》, Paris, Éd. Mazenod, 1965.

20) Marshack A., 《문명의 뿌리 The Roots of Civilization》, New York, McGraw-Hill, 1972.

21) 이 용어의 사전적 의미는 이중 사본, 즉 원래의 문자를 지워 없애고

그 위에 다시 문자를 써놓은 양피지(羊皮紙)의 사본, 가필 정정된 작품, (새로운 기억에 의한) 낡은 기억의 소멸 등이다. (역주)

22) 페쉬 메를(Pech Merle) 동굴은 프랑스의 카브레레(Cabrerets)의 작은 마을에서 약 3킬로미터 떨어진 곳에 있다. 이곳은 지층과 선사 시대의 암벽화로 흥미를 끈다. 1922년 열네 살 된 두 명의 소년이 이 동굴을 발견했다. 여기에는 매머드, 들소, 그리고 유명한 점묘로 된 두 마리 말을 표현한 그림이 있다. (역주)

23) Emmanuel Anati, 《예술의 기원과 인간 정신의 형성 *Les Origines de l'art et la formation de l'esprit humain*》, Paris, Éd. Albin Michel, 1989.

24) 르발루아의 격지는 홍적세 도구들 위에 나타난다. 이것들은 일정한 형태들을 얻기 위해 마련된, 규석으로 된 석핵(石核)에 의해 특징지어진다.

25) Yves Coppens, 〈서문〉, 아나티(Anati E.)의 《예술의 기원과 인간 정신의 형성 *Les Origines de l'art et la formation de l'esprit humain*》, *op. cit.*

26) Wiktor Stoczkowski, 《소박한 인류학, 박학한 인류학 *Anthropologie naïve, anthropologie savante*》, Paris, CNRS éditions, 1994.

27) 그의 작업들은 1957년으로 거슬러 올라간다.

28) 그들의 작업은 1976년에 시행되었다.

29) 호미노이드(hominoïde)는 영장류 가운데 최고도 우수한 송류. 유인원과 인류가 여기에 해당한다. (역주)

30) Testard A., 《사냥과 채취 작업의 성 분할의 기초에 관한 시론 *Essai sur les fondements de la division sexuelle du travail des chasseurs-cueilleurs*》, Paris, Éditions de l'EHESS, 1986.

31) 스토츠코프스키(Stoczkowski W.)는 선택적이나 여전히 부차적이며, 이러한 시나리오들이 의존하는 것과는 매우 다른 방식이 존재한다는 것을 강조한다. 그는 예로 1926년에 볼크(Bolk)가 제출한 논문을 상기시킨다. 그 논문에 따르면, 인간의 몇몇 특성들은 유아기의 성숙 지체라는 메커니즘으로 설명될 수 있다

32) Stiegler B., 《기술과 시간. 에피메테우스의 실수 *La Technique et le Temps. La Faute d'Épiméthée*》, Paris, Éd. Galilée, 1994, 1을 참조하라. 그는 이 작품에서 인류 진화에 있어 기술의 역할에 관한 르루아 구랑의 논지에 대해 논의하고 혁신한다.

33) André-Georges Haudricourt와 Pascal Dibie, 〈우리는 사육동물들에 대

해 무엇을 아는가? Que savons-nous des animaux domestiques?〉, 《인간 L'Homme》, 1988, 28, 4, pp.72-83.

34) François Sigaut, 〈사육 개념의 비판 Critique de la notion de domestica-tion〉, 《인간 L'Homme》, 1988, 28, 4, pp.59-71.

35) Marcel Mauss, 《민족지학 개론 Manuel d'ethnographie》, Éd. Payot, 1967, p.63.

36) Haudricourt A.-G, 〈동물의 사육, 식물의 경작과 타인의 다루기 Do-mestication des animaux, culture des plantes et traitement d'autrui〉, 《인간 L'Homme》, 1962, 2, 1, pp.40-50; 〈민족동물학 노트: 사육에서의 배설물의 역할 Note d'ethnozoologie: le rôle des excrétats dans la domestication〉, 《인간 L'Homme》, 1977, 17, 2-3, pp.125-126.

37) Haudricourt A.-G, 〈동물의 가족적 위상에 관한 노트 Note sur le statut familial des animaux〉, 《인간 L'Homme》, 1986, 26, 3, pp.119-120.

38) 〈전체와 개별: 정치적 동기의 비판을 향하여 Omnes et singulatim: towards a criticism of political reason〉, in McMurrin, S. (éd.), 《인간 가치에 관한 탄너 강의 The Tanner Lectures on Human Values》, II, Salt Lake City, University of Utah Press, 1981; 《잠언과 기록 Dits et Écrits》, III, Paris, Éd. Gallimard, 1976-1979, pp.134-161.

39) 너무 성급하긴 하지만, 흄(Hume D.)이 이미 인간과 동물의 관계에 있어서 이러한 불균형의 개념을 상기시켰다는 점을 주목할 수 있다. 《인간의 본성에 관한 시론 Essai sur la Nature humaine》(1739), section XII, Livre II, IIe partie, Éd. Aubier, 1973, p.503.

40) 1989년에 나온 이 책은 로텐베르그(Rothenberg D.)와 공저로 된 작품이다. 우리가 참조하는 영어판은 케임브리지대학출판사에서 출간되었다.

41) 이 문제에 관해서는 Goffi J.-Y., 《철학자와 그의 동물들 Le Philosophe et ses animaux》, Nîmes, Éd. Jacqueline Chambon, 1994, pp.270-273의 논의를 참조할 수 있을 것이다.

42) Digard J.-P., 《인간과 사육동물 L'Homme et les aniamux domestiques》, Paris, Éd. Fayard, 1990.

43) Thomas Nagel, 〈한 마리 박쥐가 된다는 것은 어떤 효과가 있는가? Quel effet cela fait-il d'être une chauve-souris?〉, 《죽음의 문제 Questions mortelles》; 불역 P. Engel, Paris, Éd. PUF, 1983.

44) 데이비드슨은 특히 1970년의 텍스트를 인용한다. 〈정신적 사건 *Mental Events*〉, in 《행동과 사건에 관한 시론 *Essays on Actions and Events*》, Oxford University Press; 불역 P. Engel, Paris, PUF, 1993.

45) Richard Dawkins, 《눈먼 시계공 *The Blind Watchmaker*》, New York Norton, 1986; 불역 B. Sigaud, Paris, Éd. Robert Laffont, 1989.

참고 문헌

Emmanuel Anati, *Les Origines de l'art et la formation de l'esprit humain*, Paris, Éd. Albin Michel, 1989.

Georges Bataille, *Œuvres complètes*, Paris, Éd. Gallimard, 1979, t. IX et 1988, t. XII.

Condillac, *Traité des animaux*, Paris, Éd. Vrin, 1987.

René Descartes, *Œuvres et Lettres*, Paris, Éd. Gallimard, coll. 《Bibliothèque de la Pléiade》, 1953.

Luc Ferry et Germé C., *Des animaux et des hommes*, Librairie Générale Française, 1994.

Goffi J.-Y., *Le Philosophe et ses animaux*, Nîmes, Éd. Jacqueline Chambon, 1994.

La Mettrie, *Œuvres philosophiques*, Paris, Éd. Fayard, 1987, t. I.

André Leroi-Gourhan, *Le Geste et la Parole*, Paris, Éd. Albin Michel, 1964, t. I et 1965, t. II, et *Préhistoire de l'art occidental*, Paris, Éd. Mazenod, 1965.

Lestel D., *Paroles de singes: l'impossible dialogue homme/primate*, Paris, Éd. La Découverte, 1995.

Claude Lévi-Strauss, *La Pensée sauvage*, Paris, Éd. Plon, 1962.

Maurice Merleau-Ponty, *La Nature: Cours du Collège de France*, Paris, Éd. du Seuil, 1995.

Jean-Jacques Rousseau, *Discours sur l'origine et les fondements de l'inégalité parmi les hommes*, Paris, Éd. Gallimard, coll. 'Folio,' 1985.

Singh J. A. L. et Zingg R. M., *L'Homme en friche: de l'enfant-loup à Kaspar Hauser*, Bruxelles, Éditions Complexe, 1980.

Stiegler B., *La Technique et le Temps. La Faute d'Épiméthée*, Paris, Éd. Galilée, 1994, t. I.

Tinland F., *L'Homme sauvage: Homo Ferus et Homo Sylvestris*, Paris, Éd. Payot, 1968.

색 인

김승철
부산대학교 불어불문학과 및 동대학원 졸업
문학박사, 현재 부산대학 강사

현대신서
76

동 물 성

초판발행 : 2001년 8월 30일

지은이 : 도미니크 르스텔
옮긴이 : 김승철
펴낸이 : 辛成大
펴낸곳 : 東文選

제10-64호, 78. 12. 16 등록
110-300 서울 종로구 관훈동 74
전화 : 737-2795
팩스 : 723-4518

편집설계 : 韓智硯 / 李惠允 · 李妊昊

ISBN 89-8038-174-3 04100
ISBN 89-8038-050-X(현대신서)

【東文選 現代新書】

1 21세기를 위한 새로운 엘리트	FORESEEN 연구소 / 김경현	7,000원
2 의지, 의무, 자유 — 주제별 논술	L. 밀러 / 이대희	6,000원
3 사유의 패배	A. 핑켈크로트 / 주태환	7,000원
4 문학이론	J. 컬러 / 이은경 · 임옥희	7,000원
5 불교란 무엇인가	D. 키언 / 고길환	6,000원
6 유대교란 무엇인가	N. 솔로몬 / 최창모	6,000원
7 20세기 프랑스철학	E. 매슈스 / 김종갑	8,000원
8 강의에 대한 강의	P. 부르디외 / 현택수	6,000원
9 텔레비전에 대하여	P. 부르디외 / 현택수	7,000원
10 고고학이란 무엇인가	P. 반 / 박범수	근간
11 우리는 무엇을 아는가	T. 나겔 / 오영미	5,000원
12 에쁘롱 — 니체의 문체들	J. 데리다 / 김다은	7,000원
13 히스테리 사례분석	S. 프로이트 / 태혜숙	7,000원
14 사랑의 지혜	A. 핑켈크로트 / 권유현	6,000원
15 일반미학	R. 카이유와 / 이경자	6,000원
16 본다는 것의 의미	J. 버거 / 박범수	10,000원
17 일본영화사	M. 테시에 / 최은미	7,000원
18 청소년을 위한 철학교실	A. 자카르 / 장혜영	7,000원
19 미술사학 입문	M. 포인턴 / 박범수	8,000원
20 클래식	M. 비어드 · J. 헨더슨 / 박범수	6,000원
21 정치란 무엇인가	K. 미노그 / 이정철	6,000원
22 이미지의 폭력	O. 몽젱 / 이은민	8,000원
23 청소년을 위한 경제학교실	J. C. 드루엥 / 조은미	6,000원
24 순진함의 유혹[메디시스賞 수상작]	P. 브뤼크네르 / 김웅권	9,000원
25 청소년을 위한 이야기 경제학	A. 푸르상 / 이은민	8,000원
26 부르디외 사회학 입문	P. 보네위츠 / 문경자	7,000원
27 돈은 하늘에서 떨어지지 않는다	K. 아른트 / 유영미	6,000원
28 상상력의 세계사	R. 보이아 / 김웅권	9,000원
29 지식을 교환하는 새로운 기술	A. 벵토릴라 外 / 김혜경	6,000원
30 니체 읽기	R. 비어즈워스 / 김웅권	6,000원
31 노동, 교환, 기술 — 주제별 논술	B. 데코사 / 신은영	6,000원
32 미국만들기	R. 로티 / 임옥희	근간
33 연극의 이해	A. 쿠프리 / 장혜영	8,000원
34 라틴문학의 이해	J. 가야르 / 김교신	8,000원
35 여성적 가치의 선택	FORESEEN연구소 / 문신원	7,000원
36 동양과 서양 사이	L. 이리가라이 / 이은민	7,000원
37 영화와 문학	R. 리처드슨 / 이형식	8,000원
38 분류하기의 유혹 — 생각하기와 조직하기	G. 비뇨 / 임기대	7,000원
39 사실주의 문학의 이해	G. 라루 / 조성애	8,000원
40 윤리학 — 악에 대한 의식에 관하여	A. 바디우 / 이종영	근간
41 武士道란 무엇인가	新渡戶稻造 / 심우성	근간

24 원시미술	L. 아담 / 金仁煥	16,000원
25 朝鮮民俗誌	秋葉隆 / 沈雨晟	12,000원
26 神話의 이미지	J. 캠벨 / 扈承喜	근간
27 原始佛敎	中村元 / 鄭泰爀	8,000원
28 朝鮮女俗考	李能和 / 金尙憶	24,000원
29 朝鮮解語花史(조선기생사)	李能和 / 李在崑	25,000원
30 조선창극사	鄭魯湜	7,000원
31 동양회화미학	崔炳植	9,000원
32 性과 결혼의 민족학	和田正平 / 沈雨晟	9,000원
33 農漁俗談辭典	宋在璇	12,000원
34 朝鮮의 鬼神	村山智順 / 金禧慶	12,000원
35 道敎와 中國文化	葛兆光 / 沈揆昊	15,000원
36 禪宗과 中國文化	葛兆光 / 鄭相泓·任炳權	8,000원
37 오페라의 역사	L. 오레이 / 류연희	절판
38 인도종교미술	A. 무케르지 / 崔炳植	14,000원
39 힌두교의 그림언어	안넬리제 外 / 全在星	9,000원
40 중국고대사회	許進雄 / 洪 熹	22,000원
41 중국문화개론	李宗桂 / 李宰碩	15,000원
42 龍鳳文化源流	王大有 / 林東錫	17,000원
43 甲骨學通論	王宇信 / 李宰錫	근간
44 朝鮮巫俗考	李能和 / 李在崑	12,000원
45 미술과 페미니즘	N. 부루드 外 / 扈承喜	9,000원
46 아프리카미술	P. 윌레뜨 / 崔炳植	절판
47 美의 歷程	李澤厚 / 尹壽榮	22,000원
48 曼茶羅의 神들	立川武藏 / 金龜山	절판
49 朝鮮歲時記	洪錫謨 外/李錫浩	30,000원
50 하 상	蘇曉康 外 / 洪 熹	절판
51 武藝圖譜通志 實技解題	正 祖 / 沈雨晟·金光錫	15,000원
52 古文字學첫걸음	李學勤 / 河永三	14,000원
53 體育美學	胡小明 / 閔永淑	10,000원
54 아시아 美術의 再發見	崔炳植	9,000원
55 曆과 占의 科學	永田久 / 沈雨晟	8,000원
56 中國小學史	胡奇光 / 李宰碩	20,000원
57 中國甲骨學史	吳浩坤 外 / 梁東淑	근간
58 꿈의 철학	劉文英 / 河永三	22,000원
59 女神들의 인도	立川武藏 / 金龜山	13,000원
60 性의 역사	J. L. 플랑드렝 / 편집부	18,000원
61 쉬르섹슈얼리티	W. 챠드윅 / 편집부	10,000원
62 여성속담사전	宋在璇	18,000원
63 박재서희곡선	朴栽緒	10,000원
64 東北民族源流	孫進己 / 林東錫	13,000원
65 朝鮮巫俗의 硏究(상·하)	赤松智城·秋葉隆 / 沈雨晟	28,000원

66 中國文學 속의 孤獨感	斯波六郎 / 尹壽榮	8,000원
67 한국사회주의 연극운동사	李康列	8,000원
68 스포츠인류학	K. 블랑챠드 外 / 박기동 外	12,000원
69 리조복식도감	리팔찬	절판
70 娼 婦	A. 꼬르벵 / 李宗旼	22,000원
71 조선민요연구	高晶玉	30,000원
72 楚文化史	張正明	근간
73 시간, 욕망 그리고 공포	A. 꼬르벵	근간
74 本國劍	金光錫	40,000원
75 노트와 반노트	E. 이오네스코 / 박형섭	절판
76 朝鮮美術史硏究	尹喜淳	7,000원
77 拳法要訣	金光錫	10,000원
78 艸衣選集	艸衣意恂 / 林鍾旭	14,000원
79 漢語音韻學講義	董少文 / 林東錫	10,000원
80 이오네스코 연극미학	C. 위베르 / 박형섭	9,000원
81 중국문자훈고학사전	全廣鎭 편역	15,000원
82 상말속담사전	宋在璇	10,000원
83 書法論叢	沈尹默 / 郭魯鳳	8,000원
84 침실의 문화사	P. 디비 / 편집부	9,000원
85 禮의 精神	柳肅 / 洪熹	10,000원
86 조선공예개관	日本民芸協會 편 / 沈雨晟	30,000원
87 性愛의 社會史	J. 솔레 / 李宗旼	18,000원
88 러시아미술사	A. I. 조토프 / 이건수	16,000원
89 中國書藝論文選	郭魯鳳 選譯	25,000원
90 朝鮮美術史	關野貞 / 沈雨晟	근간
91 美術版 탄트라	P. 로슨 / 편집부	8,000원
92 군달리니	A. 무케르지 / 편집부	9,000원
93 카마수트라	바짜야나 / 鄭泰爀	10,000원
94 중국언어학총론	J. 노먼 / 全廣鎭	18,000원
95 運氣學說	任應秋 / 李宰碩	8,000원
96 동물속담사전	宋在璇	20,000원
97 자본주의의 아비투스	P. 부르디외 / 최종철	6,000원
98 宗敎學入門	F. 막스 뮐러 / 金龜山	10,000원
99 변 화	P. 바츨라빅크 外 / 박인철	10,000원
100 우리나라 민속놀이	沈雨晟	15,000원
101 歌訣(중국역대명언경구집)	李宰碩 편역	20,000원
102 아니마와 아니무스	A. 융 / 박해순	8,000원
103 나, 너, 우리	L. 이리가라이 / 박정오	10,000원
104 베케트연극론	M. 푸크레 / 박형섭	8,000원
105 포르노그래피	A. 드워킨 / 유혜련	12,000원
106 셸 링	M. 하이데거 / 최상욱	12,000원
107 프랑수아 비용	宋勉	18,000원

108 중국서예 80제	郭魯鳳 편역	16,000원
109 性과 미디어	W. B. 키 / 박해순	12,000원
110 中國正史朝鮮列國傳(전2권)	金聲九 편역	120,000원
111 질병의 기원	T. 매큐언 / 서 일·박종연	12,000원
112 과학과 젠더	E. F. 켈러 / 민경숙·이현주	10,000원
113 물질문명·경제·자본주의	F. 브로델 / 이문숙 外	절판
114 이탈리아인 태고의 지혜	G. 비코 / 李源斗	8,000원
115 中國武俠史	陳 山 / 姜鳳求	18,000원
116 공포의 권력	J. 크리스테바 / 서민원	근간
117 주색잡기속담사전	宋在璇	15,000원
118 죽음 앞에 선 인간(상·하)	P. 아리에스 / 劉仙子	각권 8,000원
119 철학에 대하여	L. 알튀세르 / 서관모·백승욱	12,000원
120 다른 곳	J. 데리다 / 김다은·이혜지	10,000원
121 문학비평방법론	D. 베르제 外 / 민혜숙	12,000원
122 자기의 테크놀로지	M. 푸코 / 이희원	12,000원
123 새로운 학문	G. 비코 / 李源斗	22,000원
124 천재와 광기	P. 브르노 / 김웅권	13,000원
125 중국은사문화	馬 華·陳正宏 / 강경범·천현경	12,000원
126 푸코와 페미니즘	C. 라마자노글루 外 / 최 영 外	16,000원
127 역사주의	P. 해밀턴 / 임옥희	12,000원
128 中國書藝美學	宋 民 / 郭魯鳳	16,000원
129 죽음의 역사	P. 아리에스 / 이종민	13,000원
130 돈속담사전	宋在璇 편	15,000원
131 동양극장과 연극인들	김영무	15,000원
132 生育神과 性巫術	宋兆麟 / 洪 熹	20,000원
133 미학의 핵심	M. M. 이턴 / 유호전	14,000원
134 전사와 농민	J. 뒤비 / 최생열	18,000원
135 여성의 상태	N. 에니크 / 서민원	22,000원
136 중세의 지식인들	J. 르 고프 / 최애리	18,000원
137 구조주의의 역사(전4권)	F. 도스 / 이봉지 外	각권 13,000원
138 글쓰기의 문제해결전략	L. 플라워 / 원진숙·황정현	20,000원
139 음식속담사전	宋在璇 편	16,000원
140 고전수필개론	權 瑚	16,000원
141 예술의 규칙	P. 부르디외 / 하태환	23,000원
142 "사회를 보호해야 한다"	M. 푸코 / 박정자	20,000원
143 페미니즘사전	L. 터틀 / 호승희·유혜련	26,000원
144 여성심벌사전	B. G. 워커 / 정소영	근간
145 모데르니테 모데르니테	H. 메쇼닉 / 김다은	20,000원
146 눈물의 역사	A. 벵상뷔포 / 김자경	18,000원
147 모더니티입문	H. 르페브르 / 이종민	24,000원
148 재생산	P. 부르디외 / 이상호	18,000원
149 종교철학의 핵심	W. J. 웨인라이트 / 김희수	18,000원

150 기호와 몽상	A. 시몽 / 박형섭	22,000원
151 융분석비평사전	A. 새뮤얼 外 / 민혜숙	16,000원
152 운보 김기창 예술론연구	최병식	14,000원
153 시적 언어의 혁명	J. 크리스테바 / 김인환	20,000원
154 예술의 위기	Y. 미쇼 / 하태환	15,000원
155 프랑스사회사	G. 뒤프 / 박 단	16,000원
156 중국문예심리학사	劉偉林 / 沈揆昊	30,000원
157 무지카 프라티카	M. 캐넌 / 김혜중	25,000원
158 불교산책	鄭泰爀	20,000원
159 인간과 죽음	E. 모랭 / 김명숙	23,000원
160 地中海(전5권)	F. 브로델 / 李宗畋	근간
161 漢語文字學史	黃德實·陳秉新 / 河永三	24,000원
162 글쓰기와 차이	J. 데리다 / 남수인	28,000원
163 朝鮮神事誌	李能和 / 李在崑	근간
164 영국제국주의	S. C. 스미스 / 이태숙·김종원	16,000원
165 영화서술학	A. 고드로·F. 조스트 / 송지연	17,000원
166 미학사전	사사키 겐이치 / 민주식	근간
167 하나이지 않은 성	L. 이리가라이 / 이은민	18,000원
168 中國歷代書論	郭魯鳳 譯註	25,000원
169 요가수트라	鄭泰爀	15,000원
170 비정상인들	M. 푸코 / 박정자	25,000원
171 미친 진실	J. 크리스테바 / 서민원	근간
172 디스탱숑(상·하)	P. 부르디외 / 이종민	근간
173 세계의 비참(전3권)	P. 부르디외 外 / 김주경	각권 26,000원
174 수묵의 사상과 역사	崔炳植	근간
175 파스칼적 명상	P. 부르디외 / 김웅권	근간
176 지방의 계몽주의(전2권)	D. 로슈 / 주명철	근간
177 이혼의 역사	R. 필립스 / 박범수	근간
178 사랑의 단상	R. 바르트 / 김희영	근간
179 中國書藝理論體系	熊秉明 / 郭魯鳳	근간
180 미술시장과 경영	崔炳植	16,000원
181 카프카—소수적인 문학을 위하여	G. 들뢰즈·F. 가타리 / 이진경	13,000원
182 이미지의 힘—영상과 섹슈얼리티	A. 쿤 / 이형식	13,000원
183 공간의 시학	G. 바슐라르 / 곽광수	근간
184 랑데부—이미지와의 만남	J. 버거 / 임옥희·이은경	근간
185 푸코와 문학—글쓰기의 계보학을 향하여	S. 듀링 / 오경심·홍유미	근간
186 연극의 영화로의 각색	A. 엘보 / 이선형	근간

【기 타】

▨ 현대의 신화	R. 바르트 / 이화여대기호학연구소	15,000원
▨ 모드의 체계	R. 바르트 / 이화여대기호학연구소	18,000원
▨ 텍스트의 즐거움	R. 바르트 / 김희영	15,000원

라신에 관하여	R. 바르트 / 남수인	10,000원
說 苑 (上·下)	林東錫 譯註	각권 30,000원
晏子春秋	林東錫 譯註	30,000원
西京雜記	林東錫 譯註	20,000원
搜神記 (上·下)	林東錫 譯註	각권 30,000원
경제적 공포〔메디시스賞 수상작〕	V. 포레스테 / 김주경	7,000원
古陶文字徵	高 明·葛英會	20,000원
古文字類編	高 明	절판
金文編	容 庚	36,000원
그리하여 어느날 사랑이여	이외수 편	6,500원
딸에게 들려 주는 작은 지혜	N. 레흐레이트너 / 양영란	6,500원
딸에게 들려 주는 작은 철학	R. 시몬 셰퍼 / 안상원	7,000원
노력을 대신하는 것은 없다	R. 쉬이 / 유혜련	5,000원
미래를 원한다	J. D. 로스네 / 문 선·김덕희	8,500원
사랑의 존재	한용운	3,000원
산이 높으면 마땅히 우러러볼 일이다	유 향 / 임동석	5,000원
서기 1000년과 서기 2000년 그 두려움의 흔적들	J. 뒤비 / 양영란	8,000원
서비스는 유행을 타지 않는다	B. 바게트 / 정소영	5,000원
선종이야기	홍 희 편저	8,000원
섬으로 흐르는 역사	김영희	10,000원
세계사상	창간호~3호: 각권 10,000원 / 4호:	14,000원
십이속상도안집	편집부	8,000원
어린이 수묵화의 첫걸음(전6권)	趙 陽	42,000원
오늘 다 못다한 말은	이외수 편	7,000원
오블라디 오블라다, 인생은 브래지어 위를 흐른다	무라카미 하루키 / 김난주	7,000원
인생은 앞유리를 통해서 보라	B. 바게트 / 박해순	5,000원
잠수복과 나비	J. D. 보비 / 양영란	6,000원
천연기념물이 된 바보	최병식	7,800원
原本 武藝圖譜通志	正祖 命撰	60,000원
隷字編	洪鈞陶	40,000원
테오의 여행 (전5권)	C. 클레망 / 양영란	각권 6,000원
한글 설원 (상·중·하)	임동석 옮김	각권 7,000원
한글 안자춘추	임동석 옮김	8,000원
한글 수신기 (상·하)	임동석 옮김	각권 8,000원